Dies ist der Anfang einer Reise zu dir selbst

Es gibt Momente, in denen sich das Leben anfühlt, als wäre es in Einzelteile zerbrochen. Du funktionierst, erfüllst Erwartungen, gehst durch die Tage – doch irgendwo zwischen all dem Lärm verlierst du dich selbst. Du wachst auf, schaust in den Spiegel und fragst dich: „Wer bin ich eigentlich?“ Es ist eine leise, beunruhigende Frage, die immer lauter wird, je länger du sie zu ignorieren versuchst.

Vielleicht hast du dich so lange an die Rolle gewöhnt, die du für andere spielst, dass du vergessen hast, wer du wirklich bist. Vielleicht trägst du Masken, die so fest mit deiner Haut verwachsen sind, dass du glaubst, sie gehören zu dir. Aber tief in dir, unter all dem, was du zeigst, lebt ein Teil von dir, der sich danach sehnt, gesehen zu werden.

Dies ist keine Anleitung, wie du dein Leben in den Griff bekommst. Es ist kein Versprechen, dass du nach dem letzten Kapitel genau weißt, wer du bist. Denn die Wahrheit ist: Selbstfindung ist keine Aufgabe, die du abschließt. Sie ist eine Reise – manchmal chaotisch, manchmal schmerzhaft, immer ehrlich.

Ich schreibe dir nicht, weil ich die Antworten habe, sondern weil ich die Fragen kenne. Ich schreibe dir, weil ich weiß, wie es sich anfühlt, sich selbst zu verlieren. Aber ich habe auch erfahren, dass in diesem Verlust etwas Schönes liegt: die Möglichkeit, dich neu zu entdecken.

Du bist nicht hier, um perfekt zu sein. Du bist hier, um echt zu sein. Und manchmal bedeutet das, dich selbst Stück für Stück wieder zusammenzusetzen, mit all den Brüchen, all den Widersprüchen, all der Unvollkommenheit. Vielleicht wird diese Reise dich nicht „reparieren“, aber sie könnte dich zu etwas Besserem führen: zu dir selbst.

Also, lies das, wenn du dich verloren fühlst. Lies das, wenn du nicht weißt, wer du bist. Lies das, wenn du in der Welt um dich herum nach Antworten suchst, aber spürst, dass sie in dir liegen. Dies ist kein Buch über das Finden – es ist ein Buch über das Werden. Und genau darin liegt die Schönheit. Denn du bist nicht fertig – und das ist okay.

Inhaltsverzeichnis

Kapitel 1

Lies das, wenn du nicht weißt, wer du bist

Wir alle haben uns schon einmal gewünscht, dass es einfach wird, nicht wahr? Dass wir eines Morgens aufwachen, in den Spiegel schauen und plötzlich erkennen, wer wir sind und was wir vom Leben wollen. Aber das ist nicht die Wahrheit. Und du verdienst nichts weniger als die Wahrheit.

Die Wahrheit ist, dass es schmerzhaft sein kann, sich selbst zu finden. Es ist ein Prozess des Entwirrens, ein langsames Ablösen all der Geschichten, die dir andere über dich erzählt haben. Geschichten, die du vielleicht sogar selbst geglaubt hast. Vielleicht bist du die Tochter, die immer stark sein musste. Der Freund, der immer zuhört, aber nie spricht. Die Person, die sich immer wieder anpasst, um geliebt zu werden. Und irgendwo dazwischen hast du vergessen, dass du mehr bist als das.

Wir sind nicht nur die Rollen, die wir spielen. Wir sind nicht nur die Erwartungen, die andere an uns stellen. Und doch wachsen wir an diesen Rollen und Erwartungen — wie eine Pflanze, die sich nach dem Licht streckt, selbst wenn das Licht nur eine Illusion war. Du bist ein Mosaik aus Erfahrungen, Momenten und Entscheidungen. Aber das bedeutet nicht, dass du dich in diesen Stücken verlieren musst.

Vielleicht fühlt es sich gerade so an, als wärst du verloren. Als wärst du ein Puzzleteil, das nirgendwo hinpasst. Du gehst durch dein Leben, und alles scheint in Bewegung zu sein — außer dir. Du schaust auf andere, und sie scheinen so sicher zu sein. Sie haben klare Ziele, klare Träume, klare Identitäten.

Und dann bist da du, gefangen zwischen dem, was war, und dem, was vielleicht sein könnte.

Es ist wichtig, dir jetzt zu sagen: Es ist okay, nicht zu wissen, wer du bist. Es ist okay, dich verloren zu fühlen. Weil das der Anfang ist. Der Anfang von allem.

Stell dir eine Frage. Nicht, wer du sein solltest oder wer du sein willst. Sondern einfach: Wer bist du jetzt? Nicht morgen, nicht in zehn Jahren. Sondern jetzt, in diesem Moment. Was liebst du? Was hasst du? Was macht dich wütend? Was bringt dich zum Lachen? Was bringt dein Herz dazu, schneller zu schlagen?

Vielleicht kannst du diese Fragen nicht sofort beantworten. Vielleicht hast du das Gefühl, keine Antwort darauf zu haben. Und das ist okay. Aber wenn du wirklich ehrlich bist, wenn du aufhörst, dich an die Erwartungen anderer zu klammern, dann kommen die Antworten langsam. Wir müssen nur bereit sein, zuzuhören.

Es gibt Zeiten, in denen wir uns wie ein Blatt im Wind fühlen, das ziellos umhergetrieben wird. Wir halten uns an all die Dinge, die uns gesagt wurden: Mach eine Liste. Setze dir Ziele. Sei produktiv. Sei dies. Sei das. Aber nichts davon funktioniert, wenn wir die wichtigste Regel vergessen: Wir können uns nicht finden, wenn wir uns zwingen, jemand zu sein, der wir nicht sind.

Sich selbst zu finden ist kein Projekt, das du abhaken kannst. Es ist kein Ziel, das du erreichst. Es ist eine Reise. Manchmal ist es eine langsame Wanderung durch unentdecktes Land. Manchmal ist es ein Sprung ins Ungewisse. Und manchmal bedeutet es einfach, stillzustehen und zu atmen.

Wenn du dich verloren fühlst, erinnere dich daran, dass du nicht allein bist. Jeder Mensch geht durch diese Phasen. Es gibt keine Karte, keinen Leitfaden, keine Schritt-für-Schritt-Anleitung. Es gibt nur dich. Deine Entscheidungen, deine Gefühle, deine Erfahrungen.

Vielleicht bist du nicht bereit, dich jetzt mit all dem auseinanderzusetzen. Vielleicht hast du Angst vor dem, was du finden könntest. Das ist okay. Aber eines musst du verstehen: Du bist nicht verloren, weil du dich nicht kennst. Du fühlst dich verloren, weil du dich daran erinnerst, dass es mehr gibt. Mehr als die Erwartungen, mehr als die Rollen, mehr als die Geschichten, die du über dich selbst erzählst.

Vielleicht bist du gerade an einem Punkt, an dem alles dunkel erscheint. An dem du nicht einmal weißt, in welche Richtung du gehen sollst. Das ist in Ordnung. Du musst nicht sofort den Weg sehen. Manchmal reicht es, den nächsten kleinen Schritt zu machen. Und wenn du nicht weißt, welcher Schritt das sein soll, dann halte inne. Atme. Fühle. Lass dich für einen Moment von der Welt tragen, statt immer zu versuchen, sie zu kontrollieren.

Die Wahrheit ist, dass wir nicht alles über uns wissen müssen. Nicht heute. Nicht morgen. Vielleicht nie. Aber was wir wissen können, ist, dass wir genug sind, so wie wir sind. Nicht, weil wir etwas erreicht haben. Nicht, weil wir etwas bewiesen haben. Sondern einfach, weil wir sind.

Und genau das ist der Punkt, an dem du anfangen kannst. Indem du akzeptierst, dass es okay ist, jetzt nicht alle Antworten zu haben. Indem du zulässt, ein Werk in Arbeit zu sein, ein Puzzle, das sich langsam zusammensetzt. Indem du dir erlaubst, du selbst zu sein, in all deiner Unvollkommenheit, in all deinem Chaos, in all deiner Schönheit.

Vielleicht klingt das alles nach einer langen Reise. Und das ist es auch. Aber das Schöne an dieser Reise ist, dass wir uns selbst immer wieder neu entdecken. Wir finden immer wieder Seiten an uns, die wir vorher nicht kannten. Und mit jeder Entdeckung werden wir ein Stück mehr wir selbst.

Wenn du dich auf die Reise zu dir selbst begibst, beginnst du, Muster zu erkennen. Du merkst, wie oft du dich für andere verbogen hast. Wie oft du Dinge gesagt oder getan hast, die sich nicht richtig angefühlt haben, nur um dazu zugehören. Und du beginnst zu verstehen, dass diese Anpassung dich nicht definiert. Du bist nicht die Entscheidungen, die du aus Angst getroffen hast. Du bist nicht die Fehler, die du gemacht hast. Du bist das, was du aus all diesen Erfahrungen lernst.

Es braucht Zeit, Geduld und Mitgefühl für dich selbst. Wir müssen lernen, uns Fehler zu verzeihen. Uns selbst mit den gleichen Augen zu betrachten, mit denen wir unsere Freunde ansehen — voller Vergebung, voller Hoffnung, voller Liebe.

Vielleicht fragst du dich jetzt, wo du anfangen sollst. Der Anfang ist immer derselbe: Indem du innehalten und dich fragen kannst, was du wirklich brauchst. Nicht, was die Welt von dir erwartet. Nicht, was andere denken, dass du tun solltest. Sondern was dich in diesem Moment stärker, glücklicher und mehr wie dich selbst fühlen lässt.

Manchmal sind es die kleinsten Schritte, die die größte Veränderung bewirken. Ein ehrliches Gespräch mit dir selbst. Ein Spaziergang, um deinen Kopf frei zu bekommen. Ein Moment der Ruhe, um einfach zu atmen und zu spüren, dass du am Leben bist. Es geht nicht darum, sofort alle Antworten zu finden. Es geht darum, offen zu sein für die Fragen.

Lass dir Zeit. Sei geduldig mit dir. Du musst nicht heute alles herausfinden. Du musst nur bereit sein, den ersten Schritt zu machen. Und dieser erste Schritt beginnt hier, jetzt, in diesem Moment, in dem du diese Worte liest und dich daran erinnerst, dass du auf dem Weg bist. Auch wenn du dich verloren fühlst, bist du doch genau da, wo du sein sollst.

Das hier ist der Anfang. Der Anfang von allem.

Vielleicht erinnerst du dich an einen Moment, in dem du deine Maske fallen lassen konntest. Es war bei einem Menschen, dem du vertraut hast, oder in einem Augenblick, in dem du zu erschöpft warst, um dich zu verstellen. Für einen kurzen Moment warst du einfach nur du. Und vielleicht hast du gespürt, wie befreiend das war. Wie leicht es sich anfühlt, keine Rolle zu spielen, sondern einfach zu sein. Aber dann kam die Angst zurück: Was, wenn ich so nicht genüge? Was, wenn sie mich so nicht akzeptieren?

Wir lernen früh, Masken zu tragen. Als Kinder merken wir schnell, dass wir gelobt werden, wenn wir uns auf eine bestimmte Weise verhalten. Wir lernen, dass wir lieben und geliebt werden können, wenn wir uns anpassen. Also passen wir uns an. Wir lächeln, wenn wir traurig sind. Wir verbergen unsere Wut, unsere Verletzlichkeit, unsere Träume. Wir zeigen der Welt nur die Teile von uns, die wir für akzeptabel halten. Und mit der Zeit vergessen wir, wer wir wirklich sind.

Doch die Masken haben einen Preis. Sie schaffen eine Distanz – nicht nur zu anderen, sondern vor allem zu uns selbst. Je länger wir sie tragen, desto schwerer wird es, sie abzunehmen. Wir verlieren uns in den Rollen, die wir spielen, und merken irgendwann, dass wir nicht mehr wissen, wo die Maske endet und wir beginnen.

Ich erinnere mich an eine Zeit, in der ich selbst eine Maske trug. Ich wollte stark wirken, unerschütterlich, jemand, der alles unter Kontrolle hat. Aber unter der Maske war ich überfordert, unsicher, verloren. Ich hatte Angst, dass, wenn ich meine Schwäche zeige, die Leute mich verlassen würden. Also hielt ich die Maske fest, auch wenn sie mich erdrückte. Es war ein einsames Gefühl, weil niemand das echte Ich hinter der Fassade sehen konnte.

Vielleicht trägst du gerade eine Maske, die du schon so lange aufhast, dass sie sich wie ein Teil von dir anfühlt. Aber ich möchte dir sagen: Du bist nicht deine Maske. Du bist nicht die Rolle, die du spielst. Du bist nicht das Bild, das du der Welt zeigst. Du bist so viel mehr. Und es ist okay, deine Maske fallen zu lassen.

Das Abnehmen der Maske ist nicht einfach. Es fühlt sich an, als würdest du dich entblößen, verletzlich machen, riskieren, verletzt zu werden. Aber in dieser Verletzlichkeit liegt deine größte Kraft. Wenn du deine Maske abnimmst, schaffst du Raum für echte Verbindungen. Du erlaubst anderen, dich wirklich zu sehen – und du erlaubst dir selbst, gesehen zu werden.

Ich möchte, dass du dir einen Moment Zeit nimmst und dich fragst: Welche Masken trage ich? Wo verberge ich mein wahres Ich? Und warum? Es geht nicht darum, deine Masken sofort abzulegen. Es geht darum, sie zu erkennen. Zu verstehen, warum sie da sind. Und dir zu erlauben, sie Schritt für Schritt abzunehmen.

Vielleicht kannst du heute damit anfangen, deine Maske für einen kurzen Moment abzulegen. Bei einem Menschen, dem du vertraust. Oder einfach nur für dich selbst. Schau in den Spiegel, ohne dich zu kritisieren, ohne dich zu beurteilen. Schau dich an und erinnere dich daran, dass du genug bist – ohne die Maske, ohne die Rolle, ohne den Schutz.

Es wird Tage geben, an denen du wieder zu deinen Masken greifen willst. Tage, an denen du dich unsicher, ungenügend, verletzlich fühlst. Und das ist okay. Es braucht Zeit, sich von ihnen zu lösen. Aber mit jedem Moment, in dem du authentisch bist, wirst du merken, wie befreiend es ist, einfach nur du selbst zu sein.

Hast du jemals bemerkt, wie oft wir uns gegenseitig in Masken gefangen halten? Wir bestärken uns gegenseitig in den Rollen, die wir spielen. Wenn jemand immer der Starke war, fällt es uns schwer, seine Zerbrechlichkeit zu akzeptieren. Wenn jemand immer der Lustige war, wissen wir nicht, wie wir reagieren sollen, wenn er traurig ist. Wir halten einander oft in den Mustern fest, weil wir uns selbst nicht trauen, unsere Masken abzulegen. Doch vielleicht beginnt wahre Freiheit dort, wo wir nicht nur unsere eigenen Masken ablegen, sondern auch anderen erlauben, dies zu tun.

Die Masken, die wir tragen, sind nicht per se schlecht. Sie waren oft ein notwendiger Schutz, als wir ihn am meisten brauchten. Sie haben uns durch schwierige Zeiten getragen. Doch irgendwann kommt der Punkt, an dem sie uns nicht mehr dienen, sondern uns begrenzen. Der Punkt, an dem wir erkennen, dass wir nicht mehr vor der Welt versteckt werden müssen.

Es gibt etwas tief Befreiendes daran, jemandem zu erlauben, dich so zu sehen, wie du bist. Ohne Fassade, ohne Perfektion, ohne die ständige Angst, nicht zu genügen. Es ist beängstigend, ja. Aber es ist auch wunderschön. Denn in dem Moment, in dem du deine Maske abnimmst, sagst du dir selbst: Ich bin genug. Genau so, wie ich bin.

Vielleicht können wir heute den ersten Schritt tun. Vielleicht können wir beginnen, unsere Masken nicht mehr als Schutzschild zu sehen, sondern als etwas, das wir mit Dankbarkeit ablegen können. Vielleicht können wir den Mut finden, uns selbst zu erlauben, echt zu sein. Nicht perfekt, nicht unantastbar, nicht immer stark. Sondern echt.

Du bist nicht hier, um perfekt zu sein. Du bist hier, um echt zu sein. Die Welt braucht nicht deine Maske. Sie braucht dich – in all deiner Unvollkommenheit, in all deiner Verletzlichkeit, in all deiner Wahrheit. Also lass uns mutig sein. Lass uns unsere Masken abnehmen und uns selbst erlauben, gesehen zu werden. Denn unter all den Schichten liegt das, was wirklich zählt: dein wahres Ich.

Kapitel 3

Für jede Seele, die zwischen Familie und Freiheit steht

Manchmal ist die Bindung an unsere Herkunft so stark, dass sie sich wie ein unsichtbares Band um unser Herz legt – sicher, aber auch einengend. Du fühlst die Liebe, die Vertrautheit, die tiefen Wurzeln, die dir Halt geben. Aber gleichzeitig spürst du auch das Ziehen in eine andere Richtung. Die Freiheit ruft dich, mit all ihren Möglichkeiten und Unsicherheiten. Und so stehst du da, auf einer Brücke zwischen zwei Welten: Familie und Freiheit.

Zwischen Familie und Freiheit zu stehen, fühlt sich oft an wie das Leben auf einer Brücke – du möchtest dich lösen, aber du fürchtest, den Halt zu verlieren. Die Menschen, die dich geformt haben, die dich lieben, die dir Sicherheit gegeben haben, scheinen manchmal wie ein Anker zu sein. Sie halten dich fest, auch wenn du weiterziehen willst. Und vielleicht ist das die größte Herausforderung: zu erkennen, dass du nicht länger nur aus der Erde deiner Herkunft wachsen musst, sondern dass du deinen eigenen Boden finden kannst.

Deine Familie hat dir Wurzeln gegeben, aber es ist dein Recht, Flügel zu entwickeln. Es ist kein Verrat, wenn du dich nach mehr sehnst. Es ist kein Verrat, wenn du dich fragst, wer du außerhalb der Erwartungen bist, die an dich gestellt werden. Denn so sehr dich deine Herkunft geprägt hat, so sehr hast du das Recht, dein eigenes Leben zu gestalten.

Vielleicht spürst du die Erwartungen deiner Familie wie einen Schatten – immer da, selbst wenn die Sonne scheint. Die unausgesprochenen Regeln, die Träume, die andere für dich haben, die Traditionen, die dir wie unausweichliche Pflichten vorkommen. Aber es ist möglich, deine Familie zu lieben und trotzdem einen Weg zu gehen, der nur dir gehört. Es ist möglich, loyal zu sein, ohne dich selbst zu verlieren.

Manchmal bedeutet Freiheit, den Mut zu haben, das Zuhause in sich selbst zu finden. Es bedeutet, zu erkennen, dass du nicht zwischen zwei Welten wählen musst, sondern dass du sie in dir vereinen kannst. Deine Wurzeln und deine Flügel gehören zusammen. Sie sind kein Widerspruch, sondern Teile derselben Geschichte. Die Herausforderung liegt darin, den Mut zu finden, beides anzunehmen.

Vielleicht hast du Angst, dass dich dein Weg von den Menschen entfernt, die du liebst. Vielleicht fürchtest du, dass sie dich nicht verstehen, wenn du einen anderen Kurs wählst. Aber die Menschen, die dich lieben, wollen, dass du fliegst – auch wenn sie dich lieber in ihrer Nähe hätten. Denn wahre Liebe ist nicht kontrollierend, sie ist befreiend. Sie möchte nicht, dass du dich klein machst, um Platz für andere zu lassen. Sie möchte, dass du dich ausbreitest, dass du strahlst.

Freiheit bedeutet nicht, deine Wurzeln zu kappen, sondern sie zu nutzen, um zu wachsen. Es bedeutet, die Kraft deiner Herkunft mitzunehmen, ohne von ihr definiert zu werden. Es bedeutet, dass du deine Identität nicht in den Augen anderer suchst, sondern in dir selbst. Deine Familie hat dir ein Fundament gegeben, aber was du darauf aufbaust, liegt in deiner Hand.

Die Erwartungen deiner Familie können wie ein unsichtbares Netz sein, das dich in alle Richtungen zieht. Sie können dich gleichzeitig festhalten und antreiben. Aber du bist nicht verpflichtet, die Träume anderer zu verwirklichen. Deine einzige Verpflichtung ist es, ehrlich zu dir selbst zu sein. Es mag unbequem sein, es mag Konflikte mit sich bringen, aber am Ende ist es das einzige, was wirklich zählt.

Vielleicht liegt der Schlüssel in der Balance: zu bleiben, wo es warm ist, und zu gehen, wo es hell wird. Du kannst deine Familie lieben und trotzdem deine eigene Wahrheit leben. Du kannst die Werte, die sie dir gegeben haben, ehren und trotzdem deine eigenen finden. Und du kannst dankbar für die Vergangenheit sein, ohne dich von ihr einschränken zu lassen.

Es gibt keinen richtigen oder falschen Weg, mit den Erwartungen deiner Herkunft umzugehen. Es gibt nur deinen Weg. Und dieser Weg wird nicht immer einfach sein. Es wird Momente geben, in denen du dich zwischen Schuld und Freiheit hin- und hergerissen fühlst. Momente, in denen du dich fragst, ob du wirklich genug bist, wenn du nicht alles erfüllst, was von dir erwartet wird. Aber diese Momente sind Teil der Reise. Sie sind Teil dessen, was es bedeutet, sich selbst zu finden.

Vielleicht beginnt es damit, dir selbst die Erlaubnis zu geben, anders zu sein. Vielleicht beginnt es damit, ehrlich zu dir selbst zu sein – über das, was du willst, was du brauchst, was du fürchtest. Und vielleicht beginnt es damit, den Menschen, die dich lieben, zu zeigen, wer du wirklich bist. Nicht die Version von dir, die sie erwarten, sondern die Version, die du wirklich bist.

Vielleicht liegt die größte Herausforderung darin, zu erkennen, dass deine Freiheit keine Bedrohung für deine Bindungen ist. Dass du nicht wählen musst zwischen Familie und Unabhängigkeit. Es gibt einen Weg, beide Welten zu vereinen, auch wenn dieser Weg nicht immer klar ist. Vielleicht bedeutet das, deine eigenen Regeln zu schreiben – Regeln, die Liebe und Individualität gleichermaßen Raum geben.

Die Welt mag dir manchmal das Gefühl geben, dass du nicht genug bist, wenn du nicht den Erwartungen anderer entsprichst. Aber du bist genug. Nicht trotz deiner Entscheidungen, sondern gerade wegen ihnen. Denn sie zeigen, dass du den Mut hast, deinen eigenen Weg zu gehen. Sie zeigen, dass du bereit bist, dich selbst zu finden, auch wenn es unbequem ist.

Vielleicht kannst du heute einen kleinen Schritt in Richtung Freiheit machen. Einen kleinen Schritt in Richtung Ehrlichkeit. Vielleicht kannst du anfangen, die Brücke zwischen Familie und Freiheit nicht als Spaltung zu sehen, sondern als Verbindung. Vielleicht kannst du erkennen, dass du nicht wählen musst. Du kannst beides haben. Du kannst Wurzeln haben und trotzdem fliegen.

Das Zuhause, das wir in uns selbst schaffen, kann manchmal ein sicherer Hafen sein, wenn die Welt um uns herum unruhig ist. Deine Familie mag dir den Startplatz gegeben haben, aber die Reise gehört dir. Es liegt an dir, zu entscheiden, wohin du fliegst, wie weit und wie hoch. Vielleicht sind diese Entscheidungen schwer, vielleicht sind sie voller Zweifel, aber sie sind es wert.

Lass uns mutig sein. Lass uns die Wärme unserer Herkunft ehren, ohne uns von ihr einzuengen zu lassen. Lass uns die Freiheit wählen, auch wenn sie uns Angst macht. Lass uns unseren eigenen Weg gehen, mit Liebe und Dankbarkeit im Herzen.

Denn am Ende des Tages geht es nicht darum, die Erwartungen anderer zu erfüllen. Es geht darum, deine eigene Wahrheit zu leben. Es geht darum, zu erkennen, dass du genug bist – genau so, wie du bist.

Vielleicht beginnt es damit, deiner Familie die Hand zu reichen und zu sagen: „Ich liebe euch, aber ich muss meinen eigenen Weg gehen." Vielleicht beginnt es damit, zu akzeptieren, dass einige nicht verstehen werden, warum du dich für die Freiheit entscheidest. Aber das ist in Ordnung. Die Menschen, die dich wirklich lieben, werden lernen, deine Entscheidungen zu akzeptieren, auch wenn es Zeit braucht.

Freiheit ist kein Ziel, sondern ein Zustand des Seins. Es ist die Erlaubnis, zu wachsen, zu scheitern, sich neu zu definieren und dabei immer du selbst zu bleiben. Und in diesem Prozess lernst du, dass du nicht zwischen Familie und Freiheit wählen musst. Du kannst beides lieben. Du kannst beides sein.

Kapitel 4

Zwischen Tradition und deinem eigenen Weg

Manchmal fühlst du die Last der Traditionen wie einen Schatten über deinen eigenen Träumen. Sie begleiten dich, wie eine zweite Haut, die du nicht abgelegt hast – und vielleicht nicht ablegen kannst. Sie sind ein Teil von dir, ein Echo von Geschichten und Werten, die vor deiner Zeit begonnen haben. Aber was passiert, wenn dieses Echo lauter wird als deine eigene Stimme?

Es gibt Momente, in denen kulturelle Erwartungen dich festhalten wie unsichtbare Fäden. Sie zerren an dir, lenken dich, flüstern dir zu: „So macht man das. So haben wir es immer gemacht." Vielleicht ist es ein festgelegter Lebensweg, den du beschreiten sollst. Vielleicht ist es die Vorstellung, was Erfolg bedeutet oder wie ein Leben aussehen sollte, das von der Gemeinschaft akzeptiert wird. Doch irgendwo in dir fragt etwas: „Was, wenn mein Weg ein anderer ist?"

Traditionen können ein Fundament sein, aber sie müssen kein Gefängnis werden. Sie geben Halt und Struktur, sie schaffen Verbindungen zu denen, die vor uns waren. Aber sie sind nicht dazu da, uns einzuschränken. Vielleicht geht es nicht darum, Traditionen zu brechen, sondern sie neu zu schreiben. Vielleicht geht es darum, sie mit deinem eigenen Leben zu füllen, sie lebendig zu machen, statt starr und unveränderlich.

Es ist keine Rebellion, deinen eigenen Weg zu gehen. Es ist eine Ehrung deiner Wurzeln, wenn du sie nutzt, um zu wachsen. Die Werte und Geschichten deiner Kultur sind ein Teil von dir, aber sie definieren nicht alles, was du bist. Deine Identität ist nicht nur, woher du kommst, sondern auch, wohin du gehst. Du bist beides: der Boden, der dich trägt, und die Flügel, die dich tragen.

Vielleicht spürst du, dass die Erwartungen deiner Kultur wie eine Last auf deinen Schultern liegen. Es ist schwer, sich davon zu lösen, ohne das Gefühl zu haben, dass du etwas verlierst. Aber es ist auch schwer, unter diesem Gewicht deinen eigenen Weg zu finden. Vielleicht liegt der Schlüssel darin, diese Erwartungen nicht als Hindernis zu sehen, sondern als Ausgangspunkt. Was kannst du von ihnen mitnehmen? Was darfst du loslassen?

Es ist mutig, Traditionen zu hinterfragen. Es ist mutiger, deinen eigenen Weg zu gehen. Vielleicht bedeutet das, Dinge anders zu machen, als sie erwartet werden. Vielleicht bedeutet es, Nein zu sagen, wo andere ein Ja hören wollen. Doch in diesem Nein liegt oft mehr Liebe zu dir selbst, als ein erzwungenes Ja je ausdrücken könnte.

Kulturelle Erwartungen sind nur laut, weil sie von so vielen Stimmen getragen werden. Aber deine Stimme zählt genauso. Vielleicht ist sie leise, vielleicht zögerlich, aber sie ist wichtig. Du kannst Traditionen ehren, ohne dich von ihnen kontrollieren zu lassen. Du kannst die Werte deiner Vorfahren schätzen und trotzdem deine eigenen Entscheidungen treffen.

Es gibt etwas Heiliges daran, sich selbst die Erlaubnis zu geben, anders zu sein. Es bedeutet nicht, dass du deine Herkunft ablehnst. Es bedeutet, dass du deinen eigenen Weg in ihrer Mitte findest. Es bedeutet, dass du dich selbst als Teil der Geschichte siehst, aber auch als jemand, der neue Kapitel schreiben darf.

Vielleicht liegt die wahre Freiheit nicht darin, alles Alte hinter sich zu lassen, sondern darin, auszuwählen, was dich wirklich stärkt. Du musst nicht alles mitnehmen, was dir angeboten wurde. Du darfst wählen. Vielleicht ist das die größte Lektion: Dass es kein Verrat ist, das zu hinterfragen, was du gelernt hast. Dass es kein Verrat ist, deinen eigenen Weg zu gehen.

Die Welt mag dir manchmal das Gefühl geben, dass du nicht genug bist, wenn du nicht den Erwartungen anderer entsprichst. Aber du bist genug. Nicht trotz deiner Entscheidungen, sondern gerade wegen ihnen. Denn sie zeigen, dass du den Mut hast, deinen eigenen Weg zu gehen. Sie zeigen, dass du bereit bist, dich selbst zu finden, auch wenn es unbequem ist.

Es ist möglich, die Geschichte deiner Vorfahren zu ehren und trotzdem die Autorin deiner eigenen zu werden. Deine Identität ist kein Widerspruch. Sie ist eine Brücke zwischen Vergangenheit und Zukunft, zwischen dem, was war, und dem, was sein könnte. Vielleicht fühlt es sich manchmal so an, als würdest du auf dieser Brücke stehen und dich fragen, in welche Richtung du gehen sollst. Aber vielleicht geht es gar nicht darum, sich zu entscheiden. Vielleicht kannst du beide Richtungen in dir tragen.

Vielleicht beginnt es damit, ehrlich zu dir selbst zu sein. Was von deiner Kultur liebst du? Was davon macht dich aus? Und was davon fühlt sich nicht mehr wie ein Teil von dir an? Es ist keine Schwäche, diese Fragen zu stellen. Es ist eine Stärke. Denn nur, wenn du ehrlich bist, kannst du einen Weg finden, der wirklich zu dir passt.

Traditionen sind nicht starr. Sie sind lebendig. Sie entwickeln sich weiter, mit jedem, der sie lebt. Du bist Teil dieser Entwicklung. Du darfst sie gestalten. Du darfst sie neu definieren. Und du darfst sie mit deiner eigenen Wahrheit füllen.

Vielleicht kannst du heute den ersten Schritt machen. Vielleicht kannst du anfangen, die Erwartungen deiner Kultur nicht als etwas zu sehen, das dich einengt, sondern als etwas, das dich inspiriert. Vielleicht kannst du erkennen, dass du nicht wählen musst. Du kannst beides haben: die Wurzeln, die dir Halt geben, und die Flügel, die dich tragen.

Es gibt einen Weg, deine Kultur zu ehren, ohne dich von ihr beherrschen zu lassen. Es gibt einen Weg, deine Traditionen zu lieben, ohne dich in ihnen zu verlieren. Und es gibt einen Weg, deinen eigenen Weg zu gehen, ohne alles hinter dir zu lassen.

Vielleicht bedeutet das, Tradition nicht als Pflicht zu sehen, sondern als Geschenk. Als ein Erbe, das du tragen darfst, aber nicht musst. Was von deiner Geschichte kannst du mit Stolz weitergeben, und was darfst du ablegen, weil es dir nicht mehr dient? Das ist keine Ablehnung – das ist Wachstum.

Manchmal fühlt sich der Prozess, eigene Werte zu finden, an wie ein innerer Kampf. Du willst lieben, was war, und trotzdem Platz für das schaffen, was kommt. Doch vielleicht ist dieser Konflikt der Beweis dafür, dass du dir wirklich Gedanken machst. Dass du dich nicht mit einem Leben zufriedengibst, das nicht deins ist.

Die Menschen, die dich lieben, werden möglicherweise nicht alles verstehen, was du tust. Aber Liebe bedeutet nicht immer Zustimmung. Manchmal ist Liebe, dir den Raum zu geben, deine Entscheidungen zu treffen. Die Menschen, die dich wirklich lieben, werden lernen, dich zu akzeptieren – nicht trotz deiner Andersartigkeit, sondern wegen ihr.

Vielleicht beginnt es damit, dir selbst zu erlauben, die Traditionen neu zu gestalten. Vielleicht beginnt es damit, dass du erkennst, dass deine Flügel nicht gegen deine Wurzeln arbeiten, sondern mit ihnen. Und vielleicht bedeutet Freiheit, nicht nur deinen eigenen Weg zu gehen, sondern ihn auch mit denen zu teilen, die dich lieben.

Also lass uns mutig sein. Lass uns die Stimmen unserer Vorfahren hören, ohne unsere eigene Stimme zu überhören. Lass uns die Werte ehren, die uns geformt haben, ohne sie blind zu übernehmen. Und lass uns unsere eigenen Werte schaffen, mit Liebe, mit Respekt und mit der Freiheit, die nur wir uns selbst geben können.

Vielleicht beginnt es damit, dass du dir selbst die Erlaubnis gibst, anders zu sein. Vielleicht beginnt es damit, dass du dir erlaubst, deinen eigenen Weg zu gehen. Und vielleicht beginnt es damit, dass du erkennst, dass Traditionen dich nicht begrenzen, sondern dir Flügel geben können. Flügel, die dich tragen, wohin auch immer du gehörst.

Kapitel 5

Lies das, wenn du das Gefühl hast, keine echten Freunde zu haben

Manchmal ist es nicht die Einsamkeit, die weh tut, sondern das Gefühl, von niemandem wirklich verstanden zu werden. Du kannst von Menschen umgeben sein, lachen, reden, Zeit verbringen – und dennoch spürst du diese Leere. Es ist, als ob du dich mitten in einer Menge befindest, aber niemand sieht dich wirklich. Die Worte, die du sagst, erreichen nur die Oberfläche, und du fragst dich: „Ist das alles?"

Freundschaften sind wie Spiegel – sie zeigen dir, wer du bist, aber manchmal verzerren sie auch dein Bild. Die Menschen, die du in dein Leben lässt, haben eine seltsame Macht über dich. Sie können dich erheben oder dich klein machen. Sie können dir helfen, dich selbst zu erkennen, oder dich dazu bringen, an dir zu zweifeln. Und manchmal, ohne es zu merken, baust du eine Fassade auf, nur um dazuzugehören.

Es ist schwer, sich selbst zu finden, wenn du dich ständig in den Erwartungen anderer verlierst. Du spielst Rollen, passt dich an, gibst vor, jemand zu sein, der du nicht bist. Aber tief in dir spürst du, dass etwas nicht stimmt. Dass die Verbindungen, die du hast, nicht echt sind. Dass sie nicht das reflektieren, was du wirklich brauchst.

Vielleicht fragst du dich, ob du schwer zu lieben bist. Ob es an dir liegt, dass du das Gefühl hast, keine echten Freunde zu haben. Aber ich möchte dir sagen: Du bist nicht schwer zu lieben. Du bist nur jemand, der echte Verbindungen sucht. Und echte Verbindungen sind selten, weil sie Mut und Verletzlichkeit erfordern. Sie verlangen, dass wir uns zeigen, wie wir wirklich sind – mit all unseren Ängsten, Fehlern und Unsicherheiten.

Manchmal trennen sich Wege, weil du wachsen musst – und nicht jeder kann mit dir wachsen. Das ist keine Schuldzuweisung, sondern eine Wahrheit des Lebens. Nicht jede Freundschaft ist für immer. Manche Menschen kommen, um dir etwas beizubringen, und gehen, wenn ihre Lektion vorbei ist. Und das ist okay. Es bedeutet nicht, dass die Verbindung nicht wichtig war. Es bedeutet nur, dass sie ihren Zweck erfüllt hat.

Die Tiefe einer Beziehung wird nicht durch die Zeit gemessen, sondern durch die Ehrlichkeit, die sie trägt. Du kannst jemanden seit Jahren kennen und dennoch das Gefühl haben, dass da eine Distanz ist, die du nicht überwinden kannst. Und dann gibt es Menschen, die du erst kurz kennst, aber die dich sehen, als wären sie dein Spiegel. Diese Ehrlichkeit ist es, die Freundschaften echt macht.

Vielleicht geht es nicht darum, viele Freunde zu haben, sondern die richtigen Menschen, die dich wirklich sehen. Menschen, die nicht nur da sind, wenn es leicht ist, sondern auch, wenn es schwierig wird. Menschen, die dich in deiner Dunkelheit begleiten, ohne Angst vor deinem Chaos zu haben. Menschen, die nicht versuchen, dich zu reparieren, sondern dich in deinem Sein akzeptieren.

Du bist nicht schwer zu lieben. Du bist nur jemand, der echte Verbindungen sucht. Und das bedeutet manchmal, dass du allein bist, weil du keine halben Sachen mehr akzeptieren kannst. Du hast gelernt, dass Oberflächlichkeit dir nicht reicht, dass du Tiefe brauchst, dass du jemanden brauchst, der bleibt, wenn es unbequem wird.

Manchmal musst du die Einsamkeit umarmen, um den Unterschied zwischen Lärm und echter Nähe zu verstehen. Einsamkeit ist nicht dein Feind. Sie ist ein Lehrer, der dir zeigt, wie es sich anfühlt, allein zu sein, damit du echte Verbindungen erkennen kannst, wenn sie kommen. Sie lehrt dich, dass deine eigene Gesellschaft genug sein kann, bis du Menschen findest, die deine Seele berühren.

Wahre Freundschaften entstehen, wenn du nicht das Bedürfnis hast, dich zu erklären. Wenn du einfach du selbst sein kannst, ohne Angst vor Urteil oder Ablehnung. Diese Verbindungen sind selten, aber sie sind es wert, darauf zu warten. Und manchmal beginnen sie, wenn du dich traust, ehrlich zu sein – zuerst zu dir selbst und dann zu anderen.

Vielleicht beginnt echte Freundschaft dort, wo du aufhörst, dich zu verstellen. Wo du aufhörst, zu versuchen, perfekt zu sein. Wo du deine Mauern fallen lässt und anderen erlaubst, dich so zu sehen, wie du bist. Das ist keine Schwäche. Es ist deine größte Stärke.

Es gibt Menschen, die dich sehen, auch wenn du dich selbst verloren hast. Menschen, die bleiben, auch wenn du Fehler machst. Menschen, die dich nicht für das lieben, was du ihnen geben kannst, sondern für das, was du bist. Diese Menschen sind selten, aber sie existieren. Und sie finden dich, wenn du aufhörst, dich zu verstecken.

Vielleicht kannst du heute einen kleinen Schritt machen. Vielleicht kannst du anfangen, ehrlich zu dir selbst zu sein über das, was du brauchst, was du suchst, was du verdienst. Vielleicht kannst du anfangen, die Verbindungen loszulassen, die dich nicht nähren, und Platz schaffen für die, die es tun.

Die Welt mag dir manchmal das Gefühl geben, dass du nicht genug bist. Dass du dich ändern musst, um geliebt zu werden. Aber das musst du nicht. Du bist genug, genauso wie du bist. Du bist wertvoll, auch wenn du das Gefühl hast, dass niemand es sieht. Und die richtigen Menschen werden kommen. Nicht, weil du dich verbiegst, sondern weil du echt bist.

Freundschaften sind wie Pflanzen – sie brauchen Pflege, Zeit und Geduld. Aber zuerst brauchst du den richtigen Boden. Du brauchst Ehrlichkeit, Respekt und gegenseitiges Verständnis. Ohne das wird nichts wachsen. Und es ist besser, einen kleinen Garten voller echter Verbindungen zu haben, als ein Feld voller Oberflächlichkeit.

Manchmal geht es nicht darum, perfekte Freunde zu finden, sondern Menschen, die bereit sind, mit dir zusammen zu wachsen. Es geht nicht darum, Fehler auszuschließen, sondern sie gemeinsam zu akzeptieren. Vielleicht beginnt Freundschaft dort, wo du und jemand anderes beschließen, nicht aufzugeben, sondern immer wieder neu anzufangen.

Vielleicht bedeutet echte Freundschaft auch, Geduld zu haben. Nicht jeder wird dich sofort verstehen, und das ist okay. Wahre Freunde werden mit der Zeit erkennen, wer du bist, wenn du ihnen die Chance gibst. Es geht nicht darum, perfekt zu sein, sondern darum, echt zu sein.

Vielleicht beginnt deine Reise zu echten Freundschaften damit, dass du dir selbst ein Freund wirst. Dass du lernst, deine eigene Gesellschaft zu schätzen. Dass du aufhörst, Menschen zu suchen, die die Lücken in dir füllen, und stattdessen Menschen anziehst, die deine Vollständigkeit feiern.

Vielleicht beginnt es heute. Vielleicht beginnt es jetzt. Lass dich sehen. Lass dich lieben. Und erinnere dich daran: Du bist genug.

Kapitel 6

Was dich glücklich macht, ist kein Zufall

Glück ist kein Ziel, das du erreichen musst, sondern ein Zustand, den du dir erlauben darfst. Vielleicht hast du das Gefühl, dass Glück etwas ist, das dir irgendwann in der Zukunft begegnet. Wenn du genug arbeitest, genug opferst, genug leistest. Doch was, wenn Glück nicht etwas ist, das du jagst? Was, wenn es etwas ist, das du schon in dir trägst?

Die Suche nach Glück beginnt oft dort, wo du aufhörst, dich mit den Erwartungen anderer zu vergleichen. Du wirst niemals die Leere füllen, die entsteht, wenn du ein Leben lebst, das nicht deins ist. Was dich glücklich macht, ist kein Zufall. Es ist die Summe deiner Entscheidungen, die du mit deinem Herzen triffst. Doch wie oft erlaubst du dir, wirklich auf dein Herz zu hören?

Vielleicht hast du gelernt, dass Glück ein Luxus ist. Etwas, das nur kommt, wenn alles perfekt ist. Aber Perfektion ist eine Illusion, und Glück wartet nicht darauf, dass du perfekt bist. Es wartet darauf, dass du ehrlich bist. Ehrlich zu dir selbst, zu dem, was du brauchst, zu dem, was dich lebendig macht.

Die Welt wird immer sagen, was du tun solltest. Aber nur du kannst entscheiden, was dich erfüllt. Vielleicht ist es Zeit, aufzuhören, die Stimmen der Welt lauter sein zu lassen als deine eigene. Vielleicht ist es Zeit, dich selbst zu fragen: Was brauche ich wirklich? Nicht, um jemandem zu gefallen, nicht, um Erwartungen zu erfüllen, sondern um dich selbst zu finden.

Vielleicht beginnt wahres Glück dort, wo du aufhörst, so zu tun, als wärst du jemand anderes. Dort, wo du aufhörst, das Leben zu leben, das andere für dich vorgesehen haben. Es ist mutig, sich diese Frage zu stellen: Was brauche ich wirklich? Und noch mutiger, die Antwort zu akzeptieren. Denn manchmal bedeutet diese Antwort, alte Wege zu verlassen, Beziehungen loszulassen oder Träume zu ändern, die nie wirklich deine waren.

Vielleicht hast du Angst, dass das Streben nach deinem eigenen Glück egoistisch ist. Aber ich möchte dir sagen: Es ist das Gegenteil von Egoismus. Glück ist nicht das, was die anderen für dich wollen. Es ist das, was deine Seele lächeln lässt. Es ist der Zustand, in dem du am meisten geben kannst, weil du mit dir selbst im Reinen bist.

Manchmal findest du Glück nicht in der Welt, sondern in der Stille, die dir sagt, wer du wirklich bist. Es ist nicht immer laut oder offensichtlich. Manchmal ist es ein leises Flüstern, eine kleine Erkenntnis, dass du genug bist, genau so, wie du bist. Vielleicht ist das Glück nicht das Ziel, sondern der Weg, den du gehst, wenn du deine eigenen Werte lebst.

Vielleicht ist das größte Geschenk, das du dir selbst machen kannst, die Freiheit, deine eigenen Werte zu leben. Werte, die nicht von anderen definiert werden, sondern von dir selbst. Werte, die dich daran erinnern, wer du bist, auch wenn die Welt dich vergessen lässt. Was sind diese Werte? Ehrlichkeit? Freiheit? Liebe? Was auch immer sie sind, sie sind der Schlüssel zu deinem Glück.

Die Suche nach Glück ist eigentlich die Suche nach dir selbst. Es ist ein Prozess, kein Ziel. Und es beginnt damit, dass du dich selbst fragst: Wer bin ich, wenn niemand zuschaut? Was brauche ich, wenn niemand eine Meinung hat? Glück ist nicht das, was die Welt dir gibt. Es ist das, was du dir selbst erlaubst.

Vielleicht hast du gelernt, dass Erfolg und Glück dasselbe sind. Aber das ist eine Lüge, die dir verkauft wurde. Erfolg ist das, was andere sehen. Glück ist das, was du fühlst. Und manchmal bedeutet es, die Definition von Erfolg loszulassen, die dir auferlegt wurde, und deine eigene zu schreiben.

Manchmal beginnt Glück mit kleinen Schritten. Ein Moment der Dankbarkeit. Ein Atemzug in der Stille. Ein ehrliches Nein zu etwas, das dich nicht nährt. Vielleicht ist es die Erkenntnis, dass du nicht alles haben musst, um genug zu sein. Dass du nicht perfekt sein musst, um glücklich zu sein.

Glück ist kein Zufall. Es ist eine Entscheidung. Eine Entscheidung, die du jeden Tag triffst, wenn du dich entscheidest, auf dich selbst zu hören. Wenn du dich entscheidest, deine eigenen Werte zu leben. Wenn du dich entscheidest, ehrlich zu dir selbst zu sein. Es ist mutig, diese Entscheidung zu treffen, in einer Welt, die dir ständig sagt, wer du sein sollst.

Vielleicht kannst du heute damit beginnen. Vielleicht kannst du anfangen, auf die leisen Stimmen in dir zu hören, die dir sagen, was dich glücklich macht. Vielleicht kannst du aufhören, nach Glück zu suchen, und anfangen, es zu leben. Denn Glück ist kein Zufall. Es ist die Freiheit, du selbst zu sein.

Vielleicht hast du dich gefragt, warum sich das Glück manchmal so flüchtig anfühlt, als wäre es ein Schmetterling, der sich nicht fangen lässt. Aber vielleicht geht es nicht darum, es zu fangen, sondern zu lernen, es zu erkennen, wenn es landet. In den kleinen Dingen. In einem Lächeln, in einem tiefen Atemzug, in einem stillen Moment der Zufriedenheit.

Glück ist kein Ziel, sondern eine Reise. Und diese Reise beginnt oft mit Mut. Dem Mut, anders zu sein. Dem Mut, Nein zu sagen, wenn alle Ja sagen. Dem Mut, für das einzustehen, was du liebst, auch wenn es nicht in das Bild passt, das andere von dir haben. Vielleicht ist das Glück nicht laut. Vielleicht ist es leise. Aber es ist immer ehrlich.

Die Welt versucht, dir zu verkaufen, dass Glück in Dingen liegt – in Erfolg, in Besitz, in Anerkennung. Aber wahres Glück liegt in dir. Es ist das Gefühl, nach einem langen Tag nach Hause zu kommen und zu wissen, dass du deinem Herzen gefolgt bist. Dass du dir selbst treu geblieben bist.

Vielleicht kannst du heute einen Moment innehalten und dich fragen: Was bedeutet Glück für mich? Nicht für die Welt. Nicht für andere. Sondern nur für mich. Und vielleicht ist dieser Moment der Anfang von etwas Wundervollem. Einer Reise zu dir selbst. Einer Reise zu deinem Glück.

Denn was dich glücklich macht, ist kein Zufall. Es ist die Summe all der kleinen Entscheidungen, die du triffst, um du selbst zu sein. Es ist die Freiheit, deine Werte zu leben, deine Wahrheit zu sprechen und dein Leben zu lieben – genauso, wie es ist.

Vielleicht ist es auch die Erkenntnis, dass Glück nicht immer linear ist. Es gibt Tage, an denen es sich weiter entfernt anfühlt. Und das ist okay. Denn Glück ist kein Zustand, den du einmal erreichst und dann festhältst. Es ist ein Tanz. Ein Kommen und Gehen. Aber jeder kleine Schritt, den du in Richtung deiner Wahrheit machst, bringt dich näher.

Du darfst dir erlauben, Glück in deinem Tempo zu finden. Es gibt keinen Wettbewerb, keinen festen Weg. Dein Glück sieht anders aus als das der anderen, und das macht es einzigartig. Vielleicht ist es Zeit, aufzuhören, zu warten, bis alles perfekt ist, und stattdessen die Unvollkommenheit zu feiern.

Vielleicht kannst du dir heute selbst das Versprechen geben, mutig zu sein. Mutig genug, deinem Herzen zu folgen. Mutig genug, loszulassen, was nicht mehr zu dir gehört. Mutig genug, deinen eigenen Weg zu gehen, auch wenn er ungewiss ist. Denn was dich glücklich macht, war nie ein Zufall. Es war immer deine Wahl.

Kapitel 7

Die Wahrheit darüber, warum du dich selbst sabotierst

Selbstsabotage fühlt sich an wie ein unsichtbarer Gegner – du spürst den Widerstand, aber du erkennst nicht, dass er aus dir selbst kommt. Es sind diese Momente, in denen du dich fragst, warum du immer wieder vor der gleichen Wand stehst. Warum du kurz vor dem Ziel stehen bleibst, warum du deine Träume zurückstellst oder warum du die gleichen Fehler wiederholst.

Manchmal sabotieren wir uns nicht, weil wir scheitern wollen, sondern weil wir Angst haben, wirklich zu gewinnen. Erfolg bringt Verantwortung mit sich. Erfolg bringt Veränderung mit sich. Und manchmal ist die Vorstellung, das Leben zu bekommen, das wir uns wünschen, beängstigender als das Scheitern. Es ist einfacher, sich klein zu halten, als die Verantwortung für ein größeres Leben zu tragen.

Vielleicht hast du dir selbst gesagt, dass du nicht bereit bist, aber die Wahrheit ist: Du wirst es nie fühlen, bis du springst. Bis du den Mut hast, dich der Angst zu stellen, die dich zurückhält. Angst vor dem Unbekannten, vor der Ablehnung, vor dem Scheitern – oder vor dem Erfolg. Die Zweifel, die dich zurückhalten, sind oft nicht deine eigenen. Sie sind die Stimmen von Angst, von Erwartung, von der Welt.

Selbstsabotage ist kein Zeichen von Schwäche. Es ist ein Versuch, dich vor dem Unbekannten zu schützen. Es ist ein Mechanismus, den wir entwickelt haben, um mit Unsicherheit umzugehen. Aber dieser Schutz wird zum Hindernis, wenn er uns davon abhält, unser Potenzial zu leben.

Hinter jeder Angst steckt eine Sehnsucht. Was, wenn du sie endlich zulässt? Was, wenn du erkennst, dass die Angst nicht dein Feind ist, sondern ein Signal, dass etwas Wichtiges auf dich wartet? Deine Angst zeigt dir, wo du wachsen kannst. Sie zeigt dir, wo deine Sehnsüchte liegen. Was wäre, wenn du dir erlaubst, diese Sehnsüchte zu erfüllen?

Vielleicht hast du das Gefühl, dass du nicht genug bist. Dass du mehr wissen, mehr können, mehr sein musst, bevor du den nächsten Schritt machen kannst. Aber die Wahrheit ist: Du bist genug. Du bist nicht deine Fehler. Du bist die Summe der Male, in denen du dich entschieden hast, es trotzdem zu versuchen.

Der größte Saboteur deines Glücks ist oft die Lüge, dass du es nicht verdienst. Dass du nicht bereit bist. Dass es nicht der richtige Zeitpunkt ist. Aber Glück wartet nicht. Erfolg wartet nicht. Dein Leben wartet nicht. Was wäre, wenn du dir selbst heute die Erlaubnis gibst, groß zu träumen, ohne dich zurückzuhalten?

Selbstsabotage ist subtil. Sie tarnt sich als Prokrastination, als Perfektionismus, als Selbstzweifel. Sie sagt dir, dass du warten sollst, bis du bereit bist. Aber du wirst nie bereit sein, bis du anfängst. Du wirst nie bereit sein, bis du den Mut hast, die Kontrolle loszulassen und das Risiko einzugehen.

Manchmal sabotieren wir uns, weil wir glauben, dass wir die Kontrolle behalten müssen. Dass wir sicherstellen müssen, dass nichts schiefgeht. Aber das Leben ist nicht dazu da, kontrolliert zu werden. Es ist dazu da, gelebt zu werden. Und das bedeutet, Fehler zu machen. Das bedeutet, zu fallen und wieder aufzustehen. Das bedeutet, zu lernen und zu wachsen.

Vielleicht kannst du heute anfangen, dich selbst zu fragen: Wo halte ich mich zurück? Wo blockiere ich mich selbst? Und warum? Vielleicht kannst du anfangen, ehrlich zu dir selbst zu sein über die Ängste, die dich zurückhalten. Vielleicht kannst du anfangen, diese Ängste nicht mehr als Hindernis zu sehen, sondern als Wegweiser.

Es gibt keine perfekte Zeit, um zu beginnen. Es gibt nur jetzt. Es gibt nur diesen Moment. Du musst nicht alles wissen. Du musst nicht alles können. Du musst nur den ersten Schritt machen. Der Rest wird sich ergeben. Der Rest wird kommen, wenn du bereit bist, dich selbst nicht mehr zu sabotieren.

Vielleicht kannst du heute den ersten Schritt machen. Vielleicht kannst du anfangen, dir selbst zu erlauben, zu wachsen. Vielleicht kannst du anfangen, die Stimmen der Zweifel zu überhören und deiner eigenen Stimme zu vertrauen. Denn tief in dir weißt du, was du willst. Tief in dir weißt du, wer du bist.

Selbstsabotage ist keine Endstation. Sie ist ein Umweg. Aber du kannst den Weg zurückfinden. Du kannst die Muster erkennen, die dich zurückhalten, und sie durchbrechen. Du kannst lernen, dich selbst zu lieben, auch in deinen schwachen Momenten. Denn du bist nicht deine Zweifel. Du bist nicht deine Ängste. Du bist die Person, die sie überwinden kann.

Vielleicht beginnt es damit, dass du dir selbst vergibst. Für die Momente, in denen du dich selbst klein gemacht hast. Für die Zeiten, in denen du dich selbst sabotiert hast. Für die Entscheidungen, die du aus Angst getroffen hast. Und vielleicht beginnt es damit, dass du dir selbst erlaubst, neu anzufangen.

Was wäre, wenn du dir heute die Erlaubnis gibst, groß zu denken? Was wäre, wenn du dir heute die Erlaubnis gibst, Risiken einzugehen? Was wäre, wenn du dir heute die Erlaubnis gibst, zu wachsen? Du bist bereit. Du warst es die ganze Zeit.

Vielleicht hast du in deinem Leben gelernt, dich selbst zu hinterfragen, jedes Mal, wenn etwas schiefgeht. Vielleicht hast du dir eingeredet, dass es sicherer ist, nichts zu tun, als etwas zu riskieren. Aber Stillstand ist auch ein Risiko. Du verlierst nicht nur die Chance auf Erfolg, sondern auch auf Wachstum, auf Lernen, auf die Erfahrung, lebendig zu sein.

Selbstsabotage ist oft ein Ausdruck tieferer Ängste. Die Angst, nicht genug zu sein. Die Angst, abgelehnt zu werden. Die Angst, zu versagen. Aber was, wenn du die Perspektive wechselst? Was, wenn du dich fragst: „Was wäre, wenn ich es schaffe?“? Überleg dir einmal, was möglich wird, wenn du aufhörst, gegen dich selbst zu kämpfen.

Es ist nicht einfach, die Muster zu durchbrechen, die dich kleinhalten. Es ist nicht einfach, den ersten Schritt zu machen. Aber jeder kleine Fortschritt zählt. Jedes Mal, wenn du dich entscheidest, trotz deiner Zweifel weiterzugehen, gewinnst du ein Stück von dir selbst zurück. Du beweist dir selbst, dass du mehr bist als deine Ängste.

Vielleicht kannst du heute einen Moment innehalten und dir selbst eine Frage stellen: „Was ist das Schlimmste, das passieren könnte?“ Und wenn du diese Frage beantwortet hast, frag dich: „Kann ich damit umgehen?“ Die Antwort ist fast immer: Ja, das kannst du. Du bist stärker, als du denkst. Und du bist fähig, mehr zu tragen, als du dir selbst zutraust.

Es gibt etwas Befreiendes daran, Verantwortung für deine eigenen Träume zu übernehmen. Etwas Befreiendes daran, dich selbst zu sehen, wie du wirklich bist – nicht perfekt, aber echt. Es gibt etwas Befreiendes daran, die Kontrolle loszulassen und das Risiko einzugehen, zu wachsen. Denn nur im Wachstum findest du heraus, wozu du wirklich fähig bist.

Vielleicht ist heute der Tag, an dem du dich entscheidest, dich selbst nicht mehr zu sabotieren. Vielleicht ist heute der Tag, an dem du erkennst, dass du genug bist, genauso wie du bist. Vielleicht ist heute der Tag, an dem du dir selbst erlaubst, dein Potenzial zu leben. Nicht weil du perfekt bist, sondern weil du mutig bist. Und dieser Mut wird dich weiterbringen, als du es dir je hättest vorstellen können.

Kapitel 8

Selbstliebe ist kein Egoismus

Selbstliebe ist kein Egoismus. Sie ist die Entscheidung, sich selbst nicht mehr zu verraten. Doch wie oft erzählen wir uns die Geschichte, dass es egoistisch sei, auf uns selbst zu achten? Dass es falsch sei, uns selbst an erste Stelle zu setzen? Vielleicht hast du gelernt, dass Liebe immer ein Opfer sein muss, dass du nur dann wertvoll bist, wenn du gibst, ohne zu nehmen.

Aber das ist eine Lüge. Du kannst nicht aus einer leeren Tasse einschenken. Selbstliebe ist das Auffüllen deiner eigenen Seele. Es ist kein Zeichen von Stärke, sich selbst zu ignorieren. Es ist ein Zeichen von Mut, sich selbst an erste Stelle zu setzen. Es bedeutet nicht, dass du andere weniger liebst. Es bedeutet, dass du dich selbst genug liebst, um auch für dich da zu sein.

Vielleicht beginnt Selbstliebe dort, wo du aufhörst, dich für deine Bedürfnisse zu entschuldigen. Dort, wo du lernst, dass es okay ist, Nein zu sagen, wenn dein Ja dich kaputt macht. Vielleicht bedeutet Selbstliebe, die Grenzen zu setzen, die du früher nicht gewagt hast. Grenzen, die nicht Mauern sind, sondern Tore, durch die nur die Menschen kommen, die dich wirklich sehen.

Sich selbst zu lieben bedeutet nicht, andere auszuschließen. Es bedeutet, sich selbst einzuschließen. Es bedeutet, sich selbst so zu akzeptieren, wie du bist – mit all deinen Fehlern, mit all deinen Zweifeln, mit all deinen Träumen. Du bist nicht hier, um dich selbst zu opfern. Du bist hier, um dich selbst zu leben.

Vielleicht hast du Angst, dass die Welt dich verurteilt, wenn du dich selbst wählst. Aber die Welt wird immer etwas zu sagen haben. Die Welt wird dir oft sagen, dass du egoistisch bist, wenn du dich selbst an erste Stelle setzt. Aber du weißt, dass du nur gesund bist, wenn du dich selbst achtest. Dass du nur geben kannst, wenn du dich nicht selbst verlierst.

Selbstliebe ist kein Luxus. Sie ist eine Notwendigkeit. Vielleicht musst du dir das erst erlauben. Vielleicht musst du lernen, dass es okay ist, Zeit für dich zu nehmen, dass es okay ist, dich selbst zu schützen, dass es okay ist, für dich selbst zu sorgen. Vielleicht musst du dir heute sagen: „Ich bin es wert."

Die Welt hat dir beigebracht, dass du immer mehr tun musst, um genug zu sein. Aber Selbstliebe sagt dir: Du bist schon genug. Du darfst dich selbst lieben, nicht trotz deiner Fehler, sondern gerade wegen ihnen. Denn sie machen dich zu dem, was du bist. Sie machen dich menschlich. Sie machen dich echt.

Vielleicht beginnt Selbstliebe dort, wo du die Erwartungen anderer loslässt. Wo du aufhörst, ein Bild zu malen, das dir nicht gehört. Wo du erkennst, dass du nicht perfekt sein musst, um geliebt zu werden. Wo du aufhörst, dir selbst der schlimmste Kritiker zu sein, und anfängst, dein größter Verbündeter zu werden.

Selbstliebe ist nicht laut. Sie ist leise. Sie ist der Moment, in dem du dich entscheidest, dir selbst zu vergeben. Sie ist der Moment, in dem du dich entscheidest, dir selbst eine Pause zu geben. Sie ist der Moment, in dem du dich entscheidest, dich selbst zu sehen – nicht als Projekt, das verbessert werden muss, sondern als Mensch, der schon komplett ist.

Vielleicht kannst du heute damit beginnen, dir selbst Raum zu geben. Raum, um zu atmen. Raum, um zu fühlen. Raum, um zu sein. Vielleicht kannst du dir heute erlauben, dich selbst nicht mehr zu verurteilen. Vielleicht kannst du dir heute erlauben, dich selbst zu umarmen, mit all den Teilen von dir, die du bisher versteckt hast.

Selbstliebe ist nicht immer einfach. Sie bedeutet, die Geschichten loszulassen, die dir sagen, dass du nicht genug bist. Sie bedeutet, die Stimmen zu überhören, die dir sagen, dass du mehr leisten musst, um wertvoll zu sein. Sie bedeutet, dir selbst zu erlauben, Mensch zu sein – fehlerhaft, unvollkommen, wunderbar.

Vielleicht beginnt Selbstliebe dort, wo du aufhörst, zu versuchen, jemand anderes zu sein. Wo du aufhörst, dich zu vergleichen. Wo du anfängst, deine eigene Wahrheit zu leben. Vielleicht beginnt Selbstliebe dort, wo du dir selbst erlaubst, echt zu sein. Denn die Welt braucht nicht deine Maske. Sie braucht dich – in all deiner Unvollkommenheit, in all deiner Verletzlichkeit, in all deiner Wahrheit.

Vielleicht kannst du heute den ersten Schritt machen. Vielleicht kannst du heute einen Moment innehalten und dich fragen: Was brauche ich? Was wünsche ich mir? Was macht mich glücklich? Und vielleicht kannst du heute beginnen, dir selbst die Antworten zu geben, die du von anderen erwartet hast. Vielleicht kannst du heute beginnen, für dich selbst da zu sein.

Selbstliebe ist kein Ziel. Sie ist ein Weg. Sie ist ein Prozess. Sie ist die Entscheidung, dich jeden Tag ein kleines bisschen mehr zu lieben. Sie ist die Entscheidung, dich jeden Tag ein kleines bisschen mehr zu akzeptieren. Sie ist die Entscheidung, dich jeden Tag ein kleines bisschen mehr zu leben.

Vielleicht kannst du dir heute selbst das Versprechen geben, dich nicht mehr zu verraten. Vielleicht kannst du dir heute selbst das Versprechen geben, für dich einzustehen. Vielleicht kannst du dir heute selbst das Versprechen geben, dich zu lieben – nicht weil du perfekt bist, sondern weil du es wert bist.

Es gibt Momente, in denen Selbstliebe unbequem ist. Es ist unbequem, Nein zu sagen, wenn die Welt ein Ja von dir erwartet. Es ist unbequem, Zeit für sich selbst einzufordern, wenn andere dich brauchen. Doch diese Unbequemlichkeit ist der Weg zu deiner Freiheit. Sie ist der Weg, dich selbst zu befreien von den Fesseln der Erwartungen, die nicht deine sind.

Selbstliebe ist ein Akt des Widerstands. Widerstand gegen die Stimmen, die dir sagen, dass du immer mehr geben musst, um geliebt zu werden. Widerstand gegen die Vorstellungen, dass Selbstaufgabe das Höchste der Gefühle ist. Selbstliebe sagt: „Ich bin genug. Ich bin hier. Und ich verdiene es, für mich selbst da zu sein."

Vielleicht kannst du dir heute erlauben, diese Wahrheit zu spüren. Dass du wertvoll bist, nicht weil du etwas tust, sondern weil du bist. Dass du genug bist, nicht weil du perfekt bist, sondern weil du echt bist. Und vielleicht kannst du dir heute erlauben, dich selbst zu feiern – mit all deinen Ecken und Kanten, mit all deinen Fehlern und Träumen.

Selbstliebe ist nicht egoistisch. Sie ist revolutionär. Sie ist der Moment, in dem du erkennst, dass du niemandem beweisen musst, dass du genug bist. Sie ist der Moment, in dem du erkennst, dass du niemanden retten musst, um wertvoll zu sein. Sie ist der Moment, in dem du erkennst, dass du für dich selbst da sein darfst – ohne Schuld, ohne Scham, ohne Zweifel.

Vielleicht kannst du heute damit beginnen. Vielleicht kannst du heute den Mut finden, dich selbst zu wählen. Vielleicht kannst du heute die Stimme der Liebe zu dir selbst lauter machen als die Stimme der Zweifel. Denn Selbstliebe ist kein Egoismus. Sie ist das Fundament, auf dem du aufbauen kannst. Sie ist der Anfang von allem, was möglich ist.

Kapitel 9

Die digitale Welt und dein wahres Ich

Wir verlieren uns oft in der digitalen Welt, weil wir versuchen, uns in einem Spiegel zu erkennen, der uns nur verzerrt zurückwirft. Es ist leicht, in diesem Raum aus Likes und Filtern die Verbindung zu uns selbst zu verlieren. Vielleicht kennst du dieses Gefühl: Du scrollst durch deinen Feed und plötzlich scheinst du nicht mehr genug zu sein. Nicht schön genug, nicht erfolgreich genug, nicht interessant genug.

Social Media zeigt uns nicht, wer wir sind – es zeigt uns, wer wir sein sollen, um gemocht zu werden. Die Perfektion, die uns dort begegnet, ist eine Illusion. Und doch vergleichen wir uns mit ihr. Vielleicht fühlst du dich manchmal unsichtbar, aber du bist so viel mehr als die Likes, die du bekommst. Die Wahrheit ist: Dein Wert wird niemals in Pixeln gemessen.

Es ist leicht, sich zu verlieren, wenn du versuchst, der digitalen Perfektion nachzueifern. Aber du bist nicht hier, um perfekt zu sein. Du bist hier, um echt zu sein. Die digitale Welt hat keine Geduld für das Unperfekte, aber gerade in deinen Ecken und Kanten liegt deine Wahrheit. Vielleicht ist es Zeit, den Bildschirm auszuschalten und wieder die Verbindung zu dir selbst herzustellen.

Du bist nicht die Summe deiner Follower, sondern die Summe der Menschen, die dich wirklich kennen. Die digitale Welt wird immer lauter sein als deine innere Stimme. Aber du kannst lernen, trotzdem hinzuhören. Du bist mehr als das, was du teilst. Du bist die Geschichten, die du für dich behältst, die Gedanken, die niemand liest, und die Momente, die nicht fotografiert werden.

Vielleicht können wir heute einen Moment innehalten und uns fragen: Wer bin ich wirklich, abseits des digitalen Lichts? Was bedeutet es, ich zu sein, wenn niemand zuschaut? Vielleicht finden wir die Antwort nicht in einem Beitrag oder einem Kommentar, sondern in der Stille, die uns wieder mit uns selbst verbindet.

Die digitale Welt lebt von unserem Wunsch nach Bestätigung. Doch wahre Bestätigung finden wir nicht in Likes oder Shares. Sie liegt in der Art, wie wir uns selbst sehen. Vielleicht beginnt es damit, die Zeit, die wir online verbringen, nicht als Flucht zu nutzen, sondern als Gelegenheit, uns bewusst zu fragen: Was suche ich hier eigentlich? Und was davon finde ich in mir selbst?

Es ist verlockend, in der digitalen Welt eine Version von uns selbst zu erschaffen, die makellos erscheint. Aber was, wenn die echte Version von dir die wertvollste ist? Vielleicht ist es Zeit, die perfekte Fassade loszulassen und dich so zu zeigen, wie du bist. Ohne Filter, ohne Angst, ohne den ständigen Druck, jemand zu sein, der du nicht bist.

Die digitale Welt kann ein Werkzeug sein, aber sie darf nicht unser Spiegel werden. Denn dieser Spiegel zeigt nur einen Bruchteil der Wahrheit. Er zeigt nicht, wie du lachst, wenn niemand zusieht. Er zeigt nicht die Tränen, die du versteckst, oder die Kämpfe, die du durchstehst. Aber genau das bist du. Und das ist genug.

Vielleicht können wir lernen, die digitale Welt nicht als Maßstab für unseren Wert zu nutzen, sondern als Erinnerung daran, dass unser Wert woanders liegt. In der Art, wie wir lieben. In der Art, wie wir Fehler machen und daraus lernen. In der Art, wie wir immer wieder aufstehen, selbst wenn es schwerfällt.

Manchmal vergessen wir, dass Social Media ein kuratierter Raum ist. Es zeigt uns nicht die Wahrheit, sondern eine bearbeitete Version davon. Hinter jedem perfekten Bild steckt oft eine Geschichte, die unsichtbar bleibt. Ein Bild kann ein Lächeln zeigen, aber es verrät nicht, was hinter diesem Lächeln liegt. Vielleicht müssen wir uns daran erinnern, dass wir selbst mehr sind als das, was die Welt sehen darf.

Du bist mehr als ein Profil. Mehr als ein Feed. Du bist ein Mensch mit einer Tiefe, die kein Algorithmus jemals erfassen kann. Vielleicht beginnt der Weg zu deinem wahren Ich damit, dich von der ständigen Bewertung zu lösen. Vielleicht beginnt er damit, dich selbst wieder zu sehen, ohne den Filter der digitalen Welt.

Vielleicht können wir heute damit anfangen. Vielleicht können wir einen Moment lang die Bildschirme zur Seite legen und uns daran erinnern, wer wir sind. Vielleicht können wir uns daran erinnern, dass unser wahres Ich nicht in der digitalen Welt lebt, sondern in uns selbst. Denn dort liegt die Freiheit, echt zu sein.

Hast du dich jemals gefragt, warum wir so oft nach der Bestätigung anderer suchen? Warum ein Herzchen oder ein Kommentar so wichtig erscheint? Vielleicht, weil wir uns in der digitalen Welt nur das zeigen, was wir selbst sehen wollen – und uns dann fragen, ob es genug ist. Aber das Leben ist kein Highlight-Reel. Es ist echt, chaotisch und oft unperfekt. Und genau darin liegt seine Schönheit.

Wenn du durch deinen Feed scrollst, siehst du nicht das ganze Bild. Du siehst Momente, nicht die Geschichte dahinter. Du siehst Erfolge, nicht die Zweifel, die sie begleitet haben. Du siehst Gesichter, nicht die Tränen, die diese Gesichter geweint haben. Vielleicht können wir uns daran erinnern, dass die Geschichten, die wir in der digitalen Welt sehen, nie die ganze Wahrheit sind.

Und vielleicht können wir uns erlauben, uns selbst auch in unseren unperfekten Momenten zu sehen.

Die digitale Welt verlangt von uns, dass wir uns präsentieren, dass wir uns erklären, dass wir uns beweisen. Aber was wäre, wenn du niemandem etwas beweisen musst? Was wäre, wenn du einfach nur sein dürftest? Vielleicht beginnt echte Freiheit dort, wo du aufhörst, nach Anerkennung zu suchen, und anfängst, dich selbst anzuerkennen.

Vielleicht kannst du heute damit beginnen. Vielleicht kannst du heute einen Moment der Stille finden, in dem du dir selbst die Frage stellst: Wer bin ich, wenn niemand hinsieht? Was liebe ich, wenn niemand applaudiert? Was brauche ich, wenn niemand eine Meinung dazu hat? Die digitale Welt mag laut sein, aber deine Antworten liegen in der Stille.

Es ist okay, die digitale Welt zu nutzen, um dich zu verbinden, um zu lernen, um zu inspirieren. Aber sie darf nicht der Ort sein, an dem du deinen Wert suchst. Dein Wert liegt nicht in Zahlen. Er liegt in deinem Lächeln, in deinem Mut, in deiner Fähigkeit, echt zu sein. Vielleicht können wir uns heute daran erinnern.

Vielleicht beginnt dein wahrer Wert nicht dort, wo die Welt ihn misst, sondern dort, wo du ihn spürst. Vielleicht beginnt er in den Momenten, in denen du die digitale Welt hinter dir lässt und einfach nur bist. Vielleicht beginnt er dort, wo du aufhörst, dich selbst durch die Augen anderer zu betrachten, und anfängst, dich selbst mit deinen eigenen Augen zu sehen. Und vielleicht ist das genug.

Kapitel 10

Lies das, wenn du nicht weißt, was du willst

Vielleicht weißt du nicht, was du willst, weil du so lange versucht hast, das zu wollen, was andere für richtig halten. Vielleicht hast du dir unbewusst die Träume anderer ausgeliehen, weil sie greifbarer erschienen als deine eigenen. Träume, die nicht deine eigenen sind, fühlen sich an wie Schuhe, die drücken, egal wie weit du läufst. Es ist, als würdest du versuchen, ein Leben zu leben, das nie wirklich deins war.

Manchmal glauben wir, uns fehlen die Antworten, aber was uns wirklich fehlt, ist die Erlaubnis, unsere eigenen Fragen zu stellen. Wann hast du das letzte Mal innegehalten und dich gefragt: Was möchte ich wirklich? Nicht, was ich sollte, nicht, was andere von mir erwarten, sondern das, was mein Herz wirklich will. Es ist schwer, die eigene Stimme zu hören, wenn die Erwartungen anderer wie ein endloses Echo in deinem Kopf klingen.

Vielleicht hast du dich so daran gewöhnt, dich anzupassen, dass du nicht mehr weißt, wie es sich anfühlt, frei zu sein. Fremde Erwartungen sind wie ein Schatten: Sie folgen dir überall hin, bis du dich entscheidest, ins Licht zu treten. Der Unterschied zwischen einem Traum und einer fremden Erwartung? Der Traum fühlt sich wie Heimat an. Fremde Erwartungen fühlen sich wie eine Last, die du nicht mehr tragen kannst.

Es gibt eine Freiheit darin, ehrlich zuzugeben, dass du nicht weißt, was du willst. Zu wissen, was du willst, beginnt oft damit, ehrlich zu sagen, was du nicht willst. Vielleicht kannst du heute anfangen, die Geschichten loszulassen, die andere für dein Leben geschrieben haben. Vielleicht kannst du aufhören, dich zu fragen, ob du genug bist, und anfangen, dich zu fragen, ob du glücklich bist.

Du bist nicht hier, um jemand anderes Version von Glück zu leben. Du bist nicht hier, um die Erwartungen anderer zu erfüllen. Du bist hier, um herauszufinden, was dich lebendig macht. Manchmal ist der erste Schritt zu deinem Traum nicht ein Ja, sondern ein Nein zu dem, was dich festhält. Es ist okay, nicht sofort alle Antworten zu haben. Es ist okay, zu zweifeln. Es ist okay, dich zu fragen, wer du bist und was du willst. Diese Fragen bedeuten nicht, dass du verloren bist. Sie bedeuten, dass du suchst.

Die Welt wird dir immer sagen, was du wollen solltest. Sie wird dir immer Bilder von Erfolg, Glück und Perfektion zeigen, die nicht deine eigenen sind. Aber die Wahrheit ist: Nur du kannst wissen, was dich wirklich erfüllt. Vielleicht beginnt es damit, leiser zu werden. Die Welt wird dich nie ermutigen, langsamer zu machen. Aber vielleicht brauchst du genau das, um zu erkennen, was wirklich wichtig ist.

Es gibt eine Kraft in der Stille, die uns erlaubt, uns selbst zuzuhören. Vielleicht kannst du dir heute diesen Moment schenken. Einen Moment, um alles andere auszublenden und nur dich selbst zu fragen: Was will ich wirklich? Und vielleicht ist die Antwort nicht sofort klar. Vielleicht kommt sie leise, Schritt für Schritt. Aber sie wird kommen, wenn du ihr Raum gibst.

Es ist schwer, sich von den Erwartungen anderer zu lösen, aber es ist notwendig. Deine Träume werden nie so laut sein wie die Stimmen, die dir sagen, wer du sein solltest. Aber sie sind da, leise und geduldig, und sie warten darauf, dass du hinhörst. Vielleicht beginnt dein Weg nicht mit einem großen Plan, sondern mit einem kleinen Schritt. Einem Schritt weg von dem, was nicht zu dir passt, und hin zu dem, was sich richtig anfühlt.

Vielleicht kannst du heute den ersten Schritt machen. Vielleicht kannst du heute etwas loslassen, das nicht deins ist. Vielleicht kannst du dir heute erlauben, ehrlich zu dir selbst zu sein. Es gibt keinen richtigen oder falschen Weg, herauszufinden, was du willst. Es gibt nur deinen Weg. Und er beginnt genau hier, genau jetzt.

Die Suche nach deinen Träumen ist kein Ziel, das du erreichen musst. Sie ist ein Prozess, der dich immer wieder näher zu dir selbst bringt. Vielleicht ist es weniger wichtig, sofort zu wissen, was du willst, und wichtiger, bereit zu sein, es herauszufinden. Bereit zu sein, die Fragen zu stellen, die Antworten zu suchen und den Mut zu haben, anders zu sein.

Die Welt braucht nicht, dass du perfekt bist. Sie braucht, dass du echt bist. Deine Träume müssen nicht groß oder beeindruckend sein. Sie müssen nur deine sein. Vielleicht kannst du dir heute erlauben, klein anzufangen. Vielleicht kannst du dir heute erlauben, die Erwartungen loszulassen, die nicht zu dir gehören. Und vielleicht kannst du dir heute erlauben, deinem Herzen zu vertrauen.

Denn am Ende des Tages bist du der Einzige, der mit deinen Entscheidungen leben muss. Vielleicht weißt du nicht, was du willst. Aber vielleicht kannst du heute damit anfangen, herauszufinden, was es ist. Und vielleicht ist das genug.

Wenn du dich dabei ertappst, dass du immer wieder nach den Meinungen anderer fragst, halte inne. Warum suchst du nach Bestätigung? Hast du dir schon einmal überlegt, dass du die einzige Person bist, die wirklich weiß, was für dich richtig ist? Vielleicht ist die Angst, falsch zu liegen, der Grund, warum du dich von dir selbst entfernst. Doch Fehler sind keine Sackgassen. Sie sind Wegweiser, die dich näher zu dir bringen.

Manchmal bedeutet es, mutig zu sein, gegen den Strom zu schwimmen. Die Erwartungen der Welt werden dich immer in eine Richtung schieben wollen, aber du hast die Wahl, einen anderen Weg zu gehen. Einen Weg, der nicht einfach, aber ehrlich ist. Stell dir vor, wie es wäre, wenn du aufhörst, dich zu fragen, ob du genügst, und anfängst, dich zu fragen, ob du glücklich bist.

Vielleicht ist Glück kein Ziel, sondern ein Gefühl, das du Schritt für Schritt erlebst. Ein kleiner Moment der Freude, wenn du etwas Neues wagst. Ein tiefes Atemholen, wenn du merkst, dass du loslassen kannst. Diese Momente sind wie Sterne am Himmel – sie müssen nicht perfekt angeordnet sein, um hell zu leuchten.

Hör auf, deine Träume zu bewerten. Sie müssen niemandem gefallen, nur dir. Vielleicht ist dein Traum ein ruhiges Leben, während andere von Erfolg und Reichtum sprechen. Vielleicht willst du die Welt bereisen, während andere nach Stabilität suchen. Dein Traum ist wertvoll, weil er zu dir gehört. Und das ist genug.

Vielleicht beginnt dein Weg mit einer Frage: Was brauche ich wirklich? Nicht, was die Welt von dir verlangt, sondern das, was dich innerlich wachsen lässt. Manchmal ist es ein Nein zu dem, was dich beschwert, und manchmal ein Ja zu dem, was sich leicht anfühlt. Gib dir die Erlaubnis, deinen eigenen Kompass zu nutzen, auch wenn niemand sonst ihn versteht.

Du bist hier, um du selbst zu sein. Deine Träume müssen nicht groß oder klein sein. Sie müssen nur deine sein. Vielleicht kannst du dir heute erlauben, sie wieder zu spüren. Vielleicht kannst du dir heute erlauben, deinen eigenen Weg zu gehen. Und vielleicht kannst du dir heute erlauben, zu glauben, dass das genug ist.

Kapitel 11

Wie sich Fehler in deinen größten Lehrer verwandeln können

Fehler. Das Wort alleine reicht oft aus, um uns ein ungutes Gefühl zu geben. Es klingt nach Versagen, nach etwas, das wir hätten vermeiden sollen. Aber was, wenn Fehler nicht das Ende sind, sondern der Anfang? Was, wenn sie nicht unser Scheitern markieren, sondern unser Wachstum?

Fehler sind keine Sackgassen. Sie sind Wegweiser, die dich zu deiner stärksten Version führen. Vielleicht hast du Angst vor Fehlern, weil sie dich daran erinnern, dass du nicht perfekt bist. Aber wer hat je gesagt, dass du perfekt sein musst? Fehler zu machen bedeutet, mutig genug zu sein, überhaupt etwas zu versuchen. Sie sind der Beweis, dass du lebst, dass du riskierst, dass du dich bewegst.

Manchmal fühlt sich das Scheitern an wie ein schwerer Rucksack, den wir mit uns herumschleppen. Wir tragen die Erinnerungen an die Momente, in denen wir nicht genügt haben, als Last mit uns herum. Aber vielleicht sind Fehler gar keine Last. Vielleicht sind sie eine Einladung, das Leben aus einem neuen Blickwinkel zu sehen.

Wenn du zurückschaust, wirst du vielleicht erkennen, dass deine größten Lektionen aus deinen tiefsten Rückschlägen kamen. Jeder Fehler trägt in sich die Chance, etwas Neues zu entdecken – über die Welt und über dich selbst. Vielleicht fürchtest du das Scheitern, aber was wäre, wenn du dich stattdessen fragen könntest: Was kann ich daraus lernen?

Fehler bringen Klarheit. Sie zeigen dir, was funktioniert und was nicht. Sie führen dich auf Wege, die du sonst nie eingeschlagen hättest. Vielleicht ist das, was du als Fehler betrachtest, nur eine Umleitung zu etwas Besserem. Vielleicht war es notwendig, dass etwas nicht funktioniert, damit du herausfindest, was wirklich wichtig ist.

Die Momente, in denen wir scheitern, sind oft die Momente, in denen wir am meisten wachsen. Wachstum passiert nicht in der Komfortzone. Es passiert, wenn wir uns herausfordern, wenn wir hinfallen und uns entscheiden, wieder aufzustehen. Das Leben bewertet dich nicht danach, wie oft du fällst, sondern danach, wie oft du aufstehst.

Vielleicht denkst du gerade an einen Fehler, den du gemacht hast. Etwas, das dir schwer im Magen liegt. Etwas, das du bereust. Aber bereue nicht, dass du es versucht hast. Bereue nicht, dass du mutig genug warst, etwas zu riskieren. Denn das ist es, was Fehler uns lehren: Mut. Sie erinnern uns daran, dass das Leben nicht perfekt ist und wir es auch nicht sein müssen.

Fehler zu machen bedeutet nicht, dass du schwach bist. Es bedeutet, dass du lebst. Wenn du keine Fehler machst, bewegst du dich nicht aus deiner Komfortzone. Und wenn du dich nicht bewegst, wie kannst du dann wachsen? Deine größten Lektionen verstecken sich oft in deinen tiefsten Rückschlägen. Sie warten darauf, dass du hinsiehst, dass du lernst, dass du weitermachst.

Manchmal bringen uns Fehler genau dorthin, wo wir sein müssen. Sie öffnen Türen, die wir sonst nie bemerkt hätten. Sie zeigen uns, was wir wirklich wollen, und manchmal, was wir nicht wollen. Vielleicht kannst du heute damit anfangen, deine Fehler nicht als etwas Negatives zu sehen, sondern als etwas, das dich formt, das dich wachsen lässt.

Die Angst vor Fehlern hält uns oft davon ab, das Leben wirklich zu erleben. Wir wollen uns schützen, wollen sicher gehen, wollen alles richtig machen. Aber was wäre, wenn das Richtige manchmal genau das ist, was wir falsch machen? Was wäre, wenn das Leben uns durch unsere Fehler zeigt, wer wir wirklich sind?

Vielleicht kannst du heute einen deiner Fehler noch einmal betrachten. Nicht mit Scham, sondern mit Neugier. Was hast du daraus gelernt? Wie hat er dich geändert? Welche neue Richtung hat er dir gezeigt? Fehler sind nicht das Ende. Sie sind ein Anfang. Sie sind der Moment, in dem du die Chance hast, neu zu beginnen.

Das Leben braucht keine Perfektion. Es braucht Echtheit. Und Echtheit bedeutet, dass wir Fehler machen. Deine Fehler müssen niemandem gefallen, nur dir. Vielleicht kannst du sie heute umarmen. Vielleicht kannst du sie als Teil deiner Geschichte akzeptieren. Denn ohne sie wärst du nicht hier. Ohne sie wärst du nicht der Mensch, der du heute bist.

Fehler sind kein Makel. Sie sind ein Geschenk. Sie erinnern uns daran, dass wir Mensch sind, dass wir wachsen, dass wir uns weiterentwickeln. Vielleicht kannst du dir heute erlauben, Fehler zu machen. Vielleicht kannst du dir heute erlauben, sie nicht als etwas zu sehen, das dich zurückhält, sondern als etwas, das dich voranbringt.

Hast du jemals darüber nachgedacht, dass jeder große Erfolg oft von einer Kette kleiner Fehler begleitet wird? Es gibt keine Abkürzungen im Leben, keine direkten Wege zum Ziel. Die Fehler sind keine Hindernisse, sondern die Stufen, die dich dorthin bringen, wo du sein sollst. Wenn du dir diese Perspektive erlaubst, kannst du vielleicht beginnen, Fehler nicht als Schande zu sehen, sondern als Stolz – als Zeichen deines Mutes und deiner Entschlossenheit.

Vielleicht hast du Angst, dass deine Fehler dich definieren. Doch das tun sie nicht. Sie formen dich, ja, aber sie sind nicht alles, was du bist. Du bist die Person, die aus ihnen lernt, die sie überwindet, die weitermacht. Deine Fehler sind nur ein Teil deiner Geschichte, nicht die ganze Erklärung.

Fehler bedeuten, dass du es wagst, dass du lebst. Sie zeigen, dass du dich bemühst, dass du bemühst, authentisch zu sein, dass du Neues ausprobierst. Die Momente, in denen du stolperst, sind oft die Momente, in denen du am meisten über dich selbst lernst. Was hast du wirklich gewollt? Was hat dich zurückgehalten? Wo hast du dich selbst unterschätzt?

Vielleicht kannst du heute damit anfangen, deine Fehler als Lehrer zu sehen, die immer bei dir sind. Nicht als Last, sondern als Freunde, die dir helfen, voranzukommen. Fehler sind nicht dazu da, dich zu bestrafen, sondern dich zu leiten. Vielleicht kannst du dir diese Wahrheit heute erlauben.

Die Welt braucht keine perfekten Menschen. Sie braucht Menschen, die bereit sind, Fehler zu machen, zu lernen und wieder aufzustehen. Vielleicht kannst du heute der Mensch sein, der sich erlaubt, in der Imperfektion stark zu sein. Vielleicht kannst du heute der Mensch sein, der seine Fehler nicht versteckt, sondern als Beweis seines Mutes trägt.

Deine Fehler sind die Karte, die dich zu deinem wahren Selbst führt. Du musst sie nicht fürchten. Du musst sie umarmen. Und vielleicht liegt in dieser Umarmung die größte Freiheit von allen.

Fehler haben auch die Kraft, Beziehungen zu vertiefen. Wenn du deine Fehler mit anderen teilst, teilst du deine Menschlichkeit. Es sind diese verletzlichen Momente, die uns miteinander verbinden. Vielleicht kannst du heute jemanden finden, dem du von einem deiner Fehler erzählst. Nicht, um Vergebung zu suchen, sondern um Ehrlichkeit zu teilen. Oft erkennen wir, dass wir in unseren Fehlern nicht allein sind.

Denke daran: Fehler sind keine Symbole des Versagens. Sie sind Medaillen des Lebens. Sie zeigen, dass du den Mut hattest, das Spielfeld zu betreten, während andere nur zuschauen. Und genau dieser Mut ist es, der dich immer wieder wachsen lässt. Vielleicht ist es an der Zeit, deine Fehler nicht mehr als Stolpersteine zu sehen, sondern als Bausteine für etwas Größeres.

Kapitel 12

Die Stimme in deinem Kopf ist nicht immer dein Freund

Die Stimme in deinem Kopf. Sie ist immer da. Sie begleitet dich, kommentiert jede Entscheidung, jede Handlung, jeden Moment. Manchmal fühlt es sich an, als wäre sie dein stärkster Verbündeter. Aber was, wenn sie manchmal nicht dein Freund ist? Was, wenn sie der Ursprung deiner größten Zweifel, deiner schärfsten Kritik ist?

Vielleicht hast du diese Stimme gehört, wenn du etwas Neues wagen wolltest. Sie flüstert dir zu: „Du bist nicht gut genug. Warum solltest ausgerechnet du das schaffen?“ Diese Worte klingen nicht nur nach Kritik, sie fühlen sich an wie die Wahrheit. Aber sie sind keine Wahrheit. Sie sind nur Geschichten, die wir uns selbst erzählen. Geschichten, die aus Angst, Unsicherheit und alten Verletzungen geboren wurden.

Selbstzweifel klingen oft wie die Wahrheit, aber sie sind nur Geschichten. Geschichten, die wir uns erzählen, um uns vor dem Unbekannten zu schützen. Vielleicht bist du nicht zu schwach oder zu unfähig – vielleicht bist du einfach nur zu streng mit dir selbst. Warum erlauben wir der Stimme in unserem Kopf, uns so zu behandeln, wie wir es von niemand anderem akzeptieren würden?

„Der innere Kritiker spricht laut, aber er hat nicht immer recht.“ Diesen Satz müssen wir uns immer wieder ins Gedächtnis rufen. Die Stimme in deinem Kopf ist laut, sie ist überzeugend, aber sie ist nicht unfehlbar. Sie darf da sein, aber sie darf nicht die Entscheidungen für dich treffen. Du bist nicht deine Selbstzweifel. Du bist nicht die Summe deiner Fehler – du bist die Summe deiner Versuche.

Es gibt Tage, an denen diese Stimme so laut ist, dass sie alles andere übertönt. Sie erinnert dich an jede Niederlage, jeden Moment, in dem du nicht genügt hast. Sie hält dir eine verzerrte Version von dir selbst vor Augen und lässt dich glauben, dass sie echt ist. Aber das ist sie nicht. Sie ist nur ein Schatten, ein Echo deiner tiefsten Unsicherheiten. Sie ist nicht, wer du bist.

Selbstliebe beginnt dort, wo du aufhörst, deinen inneren Kritiker immer zu glauben. Es ist nicht deine Aufgabe, perfekt zu sein, aber es ist deine Aufgabe, nett zu dir selbst zu sein. Wenn du nicht liebevoll mit dir selbst sprechen kannst, wie kannst du erwarten, dass die Welt es tut? Du verdienst es, mit der gleichen Geduld und Liebe behandelt zu werden, die du anderen entgegenbringst.

Manchmal musst du lernen, der Stimme in deinem Kopf zu widersprechen. Sag ihr: „Ich höre dich, aber ich folge dir nicht. Ich sehe, dass du Angst hast, aber ich lasse mich von dir nicht aufhalten.“ Das mag sich seltsam anfühlen, fast so, als würdest du mit dir selbst streiten. Aber dieser Streit ist notwendig. Denn wenn du der Stimme in deinem Kopf nicht widersprichst, wird sie lauter und lauter, bis sie alles übernimmt.

Die Stimme in deinem Kopf darf da sein, aber sie darf nicht die Kontrolle haben. Sie ist nicht dein Chef. Sie ist nicht deine Wahrheit. Sie ist nur ein Teil von dir, ein Teil, der Angst hat, verletzt zu werden. Und das ist okay. Aber du kannst lernen, sie zu beruhigen, statt ihr die Macht zu geben.

Vielleicht kannst du dir heute erlauben, mit dir selbst anders zu sprechen. Statt dich für deine Fehler zu verurteilen, könntest du dir sagen: „Ich habe mein Bestes gegeben.“ Statt dir einzureden, dass du nicht genug bist, könntest du dir sagen: „Ich bin auf dem Weg, und das reicht.“ Selbstliebe ist eine Entscheidung, die du jeden Tag neu triffst. Sie ist kein Ziel, sondern eine Praxis.

Die Stimme in deinem Kopf wird vielleicht nie ganz verschwinden. Aber du kannst lernen, sie leiser zu drehen. Du kannst lernen, sie zu hinterfragen, ihre Geschichten neu zu schreiben. Vielleicht kannst du heute damit beginnen, dich selbst so zu sehen, wie du wirklich bist: nicht perfekt, aber echt. Nicht fehlerfrei, aber mutig. Nicht immer sicher, aber immer auf dem Weg.

Vielleicht kannst du heute die Entscheidung treffen, liebevoll mit dir selbst zu sein. Denn die Welt da draußen wird immer laut genug sein. Sie wird immer etwas an dir zu kritisieren finden. Aber du kannst der Ort sein, an dem du zur Ruhe kommst. Du kannst der Ort sein, an dem du willkommen bist, genauso, wie du bist.

Vielleicht bist du nicht der beste Freund für dich selbst gewesen. Aber es ist nie zu spät, das zu ändern. Es ist nie zu spät, die Stimme in deinem Kopf freundlich zu machen. Vielleicht kannst du heute damit anfangen. Vielleicht kannst du dir heute erlauben, liebevoll mit dir selbst zu sprechen. Und vielleicht wird diese Liebe die lauteste Stimme in deinem Kopf.

Hast du jemals darüber nachgedacht, dass die Stimme in deinem Kopf oft all das widerspiegelt, was andere dir einmal gesagt haben? Die Kritik, die Erwartungen, die Urteile, die du in der Vergangenheit gehört hast. Aber du bist nicht diese Worte. Du bist nicht die Meinung anderer. Vielleicht ist es an der Zeit, die Stimme in deinem Kopf umzuprogrammieren, sie mit neuen, liebevollen Worten zu füllen.

Erinnere dich daran, dass niemand perfekt ist. Perfektion ist eine Illusion, die uns nur davon abhält, das Leben wirklich zu leben. Die Stimme in deinem Kopf wird dich immer an die Stellen erinnern, an denen du vermeintlich nicht genügst. Aber vielleicht kannst du ihr heute entgegnen: „Ich genüge. Genau so, wie ich bin."

Du bist nicht hier, um perfekt zu sein. Du bist hier, um echt zu sein. Um zu lernen, zu wachsen, zu fühlen. Und manchmal bedeutet das, dass du Fehler machst, dass du unsicher bist, dass du zweifelst. Aber all das macht dich menschlich. Und Menschlichkeit ist wunderschön.

Vielleicht kannst du heute einen Moment innehalten und der Stimme in deinem Kopf sagen: „Danke, dass du mich beschützen willst. Aber ich brauche dich jetzt nicht." Vielleicht kannst du heute entscheiden, dass die Liebe zu dir selbst lauter sein darf als jede Kritik, die du dir erzählst. Vielleicht kannst du heute die Freiheit finden, zu dir selbst zu stehen.

Selbstzweifel werden kommen und gehen. Aber was bleibt, ist die Beziehung, die du zu dir selbst aufbaust. Vielleicht kannst du heute anfangen, dir ein guter Freund zu sein. Vielleicht kannst du heute entscheiden, dass die Stimme in deinem Kopf nicht das letzte Wort haben muss. Denn du bist mehr als deine Zweifel. Du bist mehr als deine Unsicherheiten. Du bist genug, genauso, wie du bist.

Und vielleicht kannst du dir vorstellen, wie es wäre, wenn die lauteste Stimme in deinem Kopf nicht die des Kritikers, sondern die des Ermutigers wäre. Eine Stimme, die dich daran erinnert, dass du stark bist, dass du liebeswert bist, dass du wachsen darfst. Diese Stimme existiert schon in dir. Sie wartet nur darauf, dass du ihr zuörst.

Manchmal reicht ein kleiner Moment der Stille, um die wahre Stimme in dir zu hören. Vielleicht kannst du heute diese Stille suchen. Nicht, um die Welt auszublenden, sondern um dich selbst wiederzufinden. In dieser Stille liegt eine Wahrheit: Du bist genug. Genau jetzt. Genau hier. Und diese Wahrheit darf die lauteste werden.

Kapitel 13

Für jede Liebe, die dich näher zu dir selbst bringt

Liebe. Sie ist das Wort, das wir am meisten suchen und doch am wenigsten verstehen. Wir sehnen uns nach ihr, wir definieren uns durch sie, wir zerbrechen manchmal an ihrem Fehlen. Doch was, wenn Liebe mehr ist als das Gefühl, jemanden gefunden zu haben? Was, wenn Liebe eine Reise zu uns selbst ist, eine Erkenntnis, wer wir tief in unserem Inneren sind?

Manchmal begegnen wir Menschen, die uns lieben, ohne dass wir uns selbst wirklich kennen. Sie sehen in uns Dinge, die wir lange verdrängt haben. Vielleicht bist du jemandem begegnet, der dich an einen Teil von dir erinnert hat, den du lange vergessen hast. Und in dieser Begegnung liegt eine Frage: Wer bist du, wenn du dich von den Erwartungen anderer befreist?

Jede Beziehung, die dich berührt, bringt dich näher zu dem, wer du wirklich bist. Sie spiegelt dir deine Stärken, aber auch deine Schwächen. Sie zeigt dir, wo du festhältst und wo du loslassen musst. Liebe ist nicht immer einfach, aber sie ist immer ehrlich – selbst wenn sie dir Dinge zeigt, die du nicht sehen willst.

Die Menschen, die du liebst, halten dir oft den ehrlichsten Spiegel vor – auch wenn du manchmal wegsehen möchtest. Beziehungen sind keine Rettungsboote. Sie sind Spiegel, in denen du dich selbst erkennen kannst. Sie zeigen dir, wer du bist, und manchmal auch, wer du nicht mehr sein willst. Und das ist ein Geschenk, auch wenn es sich nicht immer so anfühlt.

Vielleicht hast du in einer Beziehung gelernt, dass Liebe nicht immer das Ziel ist. Manchmal ist sie der Weg, auf dem du dich selbst findest. Manchmal zeigt dir ein gebrochenes Herz mehr über dich selbst als ein ganzes. Denn in diesen Momenten, in denen die Fassade fällt, kannst du sehen, wer du wirklich bist. Du bist nicht deine Fehler, nicht deine Verluste, sondern die Person, die sich immer wieder entscheidet, zu lieben, trotz allem.

Die Liebe, die dich wachsen lässt, ist oft nicht die, die sich leicht anfühlt, sondern die, die dich herausfordert. Sie fordert dich heraus, ehrlich zu sein, dich zu zeigen, dich verletzlich zu machen. Und genau in dieser Verletzlichkeit liegt die größte Kraft. Es gibt keine falsche Liebe – nur Lektionen, die du noch nicht verstanden hast.

Vielleicht können wir heute darüber nachdenken, was uns unsere Beziehungen wirklich lehren. Sie lehren uns, dass wir nicht perfekt sein müssen, um geliebt zu werden. Sie lehren uns, dass wahre Verbindung nicht durch Makellosigkeit entsteht, sondern durch Authentizität. Und sie lehren uns, dass wir uns selbst lieben müssen, um andere wirklich lieben zu können.

Manchmal ist Liebe nicht die Antwort, sondern die Frage: Wer bist du, wenn du allein bist? Wer bist du, wenn niemand zusieht? Beziehungen zeigen dir nicht nur, was du brauchst, sondern auch, was du bereit bist zu geben. Und vielleicht ist das die größte Lektion: Dass Liebe nicht immer nur nimmt, sondern dich dazu einlädt, mehr zu geben, mehr zu sein.

Vielleicht bist du gerade in einer Beziehung, die dich herausfordert. Vielleicht fühlt es sich schwer an, vielleicht zweifelst du. Aber was, wenn diese Beziehung genau das ist, was du brauchst, um zu wachsen? Was, wenn sie dir zeigt, wo du dich selbst noch nicht voll angenommen hast? Liebe ist nicht immer das, was uns glücklich macht – aber sie ist oft das, was uns heilt.

Manchmal musst du loslassen, um dich selbst zu finden. Loslassen von Erwartungen, von alten Geschichten, von der Vorstellung, wie Liebe sein sollte. Denn wahre Liebe, die dich näher zu dir selbst bringt, sieht nicht immer so aus, wie du es dir vorgestellt hast. Aber sie fühlt sich echt an. Sie fühlt sich wie Heimat an.

Vielleicht kannst du heute zurückblicken auf die Beziehungen, die dich geformt haben. Nicht mit Groll, sondern mit Dankbarkeit. Dankbarkeit für die Lektionen, die sie dir beigebracht haben. Dankbarkeit für die Momente, in denen du erkannt hast, wer du bist und wer du sein willst. Liebe ist nicht perfekt, aber sie ist immer wertvoll.

Die Welt braucht keine perfekte Liebe. Sie braucht echte Liebe. Liebe, die Fehler macht, die stolpert, die sich immer wieder entscheidet, weiterzugehen. Vielleicht kannst du heute die Liebe feiern, die dich geformt hat. Die Liebe, die dich herausgefordert hat. Die Liebe, die dich gelehrt hat, dass du genug bist, genauso, wie du bist.

Denn am Ende ist jede Beziehung, jede Begegnung eine Chance, dich selbst besser zu verstehen. Und vielleicht ist das die größte Liebe von allen: die Liebe, die dich zu dir selbst bringt. Vielleicht kannst du heute damit beginnen, diese Liebe zu erkennen. Sie war immer da. Sie hat dich nie verlassen. Und sie wartet darauf, dass du sie siehst.

Manchmal sind es die schwierigsten Beziehungen, die uns am meisten über uns selbst lehren. Sie zeigen uns unsere Grenzen, unsere Schwächen, aber auch unsere Stärken. Sie zeigen uns, was wir ertragen können, und sie lehren uns, wie wichtig es ist, Grenzen zu setzen. Vielleicht kannst du heute darüber nachdenken, welche Grenzen du dir selbst setzen musst, um in einer Beziehung wachsen zu können.

Liebe fordert uns auf, ehrlich mit uns selbst zu sein. Sie zwingt uns, die Teile von uns anzusehen, die wir oft verstecken wollen. Sie ist ein Spiegel, der uns daran erinnert, dass wir nicht perfekt sein müssen, um wertvoll zu sein. Vielleicht kannst du heute einen Moment innehalten und darüber nachdenken, welche Wahrheiten über dich selbst dir die Liebe gezeigt hat.

Vielleicht kannst du heute einen Schritt zurücktreten und dir die Frage stellen: Was hat mir diese Beziehung über mich selbst beigebracht? Welche Teile von mir hat sie ans Licht gebracht? Welche Wunden hat sie geheilt und welche hat sie aufgerissen? In diesen Antworten liegt oft der größte Schatz, den uns die Liebe geben kann.

Die Liebe, die dich näher zu dir selbst bringt, ist nicht immer die Liebe, die bleibt. Manchmal sind es die Menschen, die uns verlassen, die uns am meisten lehren. Sie erinnern uns daran, dass wir uns selbst genügen können, dass unser Wert nicht von jemand anderem abhängt. Vielleicht kannst du heute die Liebe loslassen, die nicht mehr bleibt, und dankbar sein für das, was sie dir gegeben hat.

Liebe ist ein Lehrer, kein Retter. Sie ist nicht da, um uns zu vollenden, sondern um uns zu ermutigen, uns selbst zu vollenden. Vielleicht kannst du heute die Liebe als das sehen, was sie ist: eine Reise, keine Ankunft. Ein Weg, auf dem du lernst, dich selbst zu lieben, indem du andere liebst.

Vielleicht kannst du heute die Entscheidung treffen, die Lektionen der Liebe anzunehmen. Nicht mit Bitterkeit, sondern mit Offenheit. Denn jede Begegnung, jede Beziehung, jede Liebe bringt dich ein Stück näher zu dir selbst. Und vielleicht ist das das größte Geschenk von allen.

Kapitel 14

Lies das, wenn du das Gefühl hast, in deinem Job zu ersticken

Es gibt Tage, da fühlt sich die Arbeit nicht wie ein Ort an, sondern wie ein Gewicht. Du wachst auf, und schon das Denken an den Tag macht dich müde. Vielleicht hast du das Gefühl, in deinem Job zu ersticken, als wäre jeder Atemzug ein Kampf. Aber lass mich dir etwas sagen: Arbeit ist, was wir tun. Berufung ist, wer wir sind.

Vielleicht erstickst du nicht an deinem Job, sondern an der Angst, deinen wahren Weg zu gehen. Denn einen neuen Weg zu beginnen, bedeutet oft, das Alte hinter sich zu lassen. Das ist nicht leicht, und manchmal ist es bequemer, in einer Arbeit zu bleiben, die dich auslaugt, als in eine Zukunft zu springen, die ungewiss ist. Aber genau hier liegt die Wahrheit: Ein erfüllendes Leben beginnt, wenn du aufhörst, nur für den Lebenslauf zu arbeiten, und anfängst, für dein Herz zu leben.

Vielleicht kennst du diesen Moment, in dem du an deinem Schreibtisch sitzt, umgeben von Papieren, E-Mails oder To-do-Listen, und dich fragst: Ist das alles? Ist das das Leben, das ich für mich wollte? Du bist nicht allein. Es gibt einen Unterschied zwischen Arbeit und Berufung – der erste füllt deine Taschen, der zweite füllt dein Herz.

Du bist nicht auf diese Welt gekommen, um zu funktionieren. Du bist hier, um zu leuchten. Aber manchmal vergessen wir das. Wir glauben, unser Wert hänge davon ab, wie viel wir leisten, wie produktiv wir sind, wie gut wir in eine Stellenbeschreibung passen. Doch lass mich dir sagen: Es ist nicht dein Job, ein Zahnrad zu sein. Es ist dein Job, einen Unterschied zu machen.

Manchmal ist es nicht der Job, der falsch ist, sondern die Erwartungen, die wir daran knüpfen. Wir erwarten, dass er uns glücklich macht, uns erfüllt, uns ein Gefühl von Bedeutung gibt. Aber Arbeit allein kann das nicht leisten. Sie kann ein Teil davon sein, aber sie ist nicht alles. Vielleicht kannst du heute darüber nachdenken, ob du deinen Job für das verantwortlich machst, was nur du dir selbst geben kannst.

Hör auf, deine Arbeit mit deinem Wert zu verwechseln. Du bist mehr als deine Position, dein Titel, dein Gehalt. Dein Wert liegt nicht in deinem Erfolg, sondern in dem, was du zu geben hast. Und manchmal bedeutet das, dass du eine Arbeit hinter dir lassen musst, die dich nicht wachsen lässt, die dich klein hält.

Wenn du in deinem Job erstickst, ist es ein Zeichen, dass dein Leben nach mehr ruft. Vielleicht ist es nicht die Arbeit selbst, die dich erstickt, sondern der Mangel an Raum für das, was du wirklich liebst. Vielleicht gibt es Träume, die du zur Seite geschoben hast, weil du dachtest, dass sie nicht wichtig genug sind, nicht realistisch genug. Aber lass mich dir sagen: Dein Traumjob ist nicht der, der dir am meisten bezahlt, sondern der, der dich am meisten wachsen lässt.

Es gibt Menschen, die jeden Tag zur Arbeit gehen und das Gefühl haben, einen Teil von sich selbst zurückzulassen. Sie lächeln, sie nicken, sie machen weiter, aber innerlich schreien sie nach etwas anderem. Vielleicht bist du einer von ihnen.

Und vielleicht ist es Zeit, dieser Stimme in dir zuzuhören. Die Stimme, die dir sagt, dass es mehr gibt. Mehr, als nur zu überleben. Mehr, als nur die nächste Deadline zu erreichen.

Es gibt einen Unterschied zwischen einem Job, der dich braucht, und einem Job, der dich erfüllt. Der erste nimmt, der zweite gibt. Und vielleicht kannst du heute darüber nachdenken, welche Art von Arbeit du dir wünschst. Nicht, weil sie leicht ist, sondern weil sie Sinn macht. Weil sie dich inspiriert, weil sie dich wachsen lässt.

Vielleicht fühlt sich der Gedanke, etwas Neues zu beginnen, angsteinflößend an. Vielleicht denkst du, dass du nicht genug bist, dass du nicht die richtigen Fähigkeiten hast, dass du zu alt oder zu jung bist. Aber lass mich dir sagen: Es ist nie zu spät, den ersten Schritt zu machen. Dein Wert liegt nicht darin, wie perfekt du bist, sondern darin, dass du bereit bist, es zu versuchen.

Vielleicht können wir heute darüber nachdenken, was Berufung wirklich bedeutet. Es ist nicht immer der glamouröse Traumjob, den wir uns vorgestellt haben. Manchmal ist es die Arbeit, die uns still glücklich macht. Die Momente, in denen wir uns lebendig fühlen, in denen wir das Gefühl haben, einen Unterschied zu machen. Vielleicht ist es an der Zeit, diese Momente zu suchen.

Dein Leben ist zu kostbar, um es mit Arbeit zu verbringen, die dich leer macht. Vielleicht kannst du heute den Mut finden, nach mehr zu fragen. Nach mehr Raum für das, was du liebst. Nach mehr Freiheit, das zu tun, was dich inspiriert. Und vielleicht beginnt alles mit einer Frage: Was würde ich tun, wenn ich keine Angst hätte?

Berufung ist nicht etwas, das du findest. Es ist etwas, das du in dir selbst entdeckst. Es ist der Moment, in dem du erkennst, dass deine Arbeit nicht nur ein Mittel zum Zweck sein muss. Dass sie ein Ausdruck dessen sein kann, wer du wirklich bist. Vielleicht kannst du heute damit beginnen, diesen Ausdruck zu suchen. Und vielleicht wirst du feststellen, dass die Antwort schon immer in dir lag.

Du bist hier, um zu wachsen, um zu lernen, um zu inspirieren. Und manchmal bedeutet das, dass du einen neuen Weg einschlagen musst. Einen Weg, der dir Angst macht, aber dich auch lebendig fühlt. Einen Weg, der dir zeigt, dass Arbeit nicht nur Arbeit sein muss. Sie kann ein Teil von dir sein. Sie kann ein Teil dessen sein, was dich zum Leuchten bringt.

Vielleicht kannst du heute einen Schritt in diese Richtung machen. Einen kleinen Schritt, der dir zeigt, dass es möglich ist. Dass es nie zu spät ist, neu zu beginnen. Und dass du es wert bist, eine Arbeit zu finden, die dich nicht nur braucht, sondern die dich auch erfüllt.

Die Welt braucht keine Menschen, die nur funktionieren. Sie braucht Menschen, die inspiriert sind. Menschen, die bereit sind, ihre Träume zu verfolgen, auch wenn es schwierig ist. Menschen wie dich. Vielleicht kannst du heute den Mut finden, einer von ihnen zu sein. Denn dein Leben ist zu kostbar, um es nicht zu versuchen.

Manchmal sind es nicht die großen Entscheidungen, sondern die kleinen Schritte, die den Unterschied machen. Ein neues Gespräch, eine neue Idee, ein Moment des Innehaltens, um zu fragen: Bin ich glücklich? Diese Fragen können unbequem sein, aber sie sind notwendig. Denn ohne sie bleibst du stecken in einem Leben, das dich nicht erfüllt.

Vielleicht kannst du heute damit beginnen, deiner inneren Stimme zuzuhören. Der Stimme, die dir zuflüstert, dass du mehr verdienst. Mehr Raum, mehr Freude, mehr Leben. Und vielleicht ist heute der Tag, an dem du beschließt, ihr zu folgen. Denn du bist nicht hier, um nur zu überleben. Du bist hier, um zu leben.

Du trägst die Antwort bereits in dir. Sie ist nicht immer laut, nicht immer klar. Aber sie ist da. Vielleicht kannst du heute einen Moment der Stille finden, um sie zu hören. Und vielleicht kannst du dir selbst erlauben, daran zu glauben, dass es möglich ist. Denn es ist möglich. Immer.

Kapitel 15

Grenzen sind Liebe – auch zu dir selbst

Grenzen. Ein Wort, das oft missverstanden wird. Für manche klingen Grenzen nach Mauern, nach Trennung, nach Kälte. Aber das Gegenteil ist der Fall. Grenzen sind Liebe. Sie sind kein Zeichen von Schwäche, sondern ein Akt der Selbstliebe. Ein „Nein“ zu anderen kann oft das lauteste „Ja“ zu dir selbst sein.

Jedes Mal, wenn du „Ja“ sagst, obwohl du „Nein“ fühlst, verlierst du ein Stück von dir selbst. Vielleicht kennst du dieses Gefühl: das schlechte Gewissen, das dich übermannt, wenn du das tust, was andere erwarten, obwohl es dich innerlich aufreibt. Aber lass mich dir etwas sagen: Es ist nicht deine Aufgabe, jedem gerecht zu werden. Deine Seele braucht keinen Applaus, um heil zu bleiben.

Grenzen setzen ist kein Egoismus – es ist das Fundament, auf dem gesunde Beziehungen wachsen. Menschen, die dich wirklich lieben, werden dein „Nein“ verstehen – und respektieren. Sie werden sehen, dass du dir selbst wichtig genug bist, um ehrlich zu sein. Und Ehrlichkeit ist die Grundlage von Liebe.

Manchmal fühlt es sich schwer an, „Nein“ zu sagen. Wir fürchten, dass wir andere enttäuschen, dass wir nicht mehr gebraucht werden, dass wir jemanden verlieren. Aber lass mich dich fragen: Was verlierst du, wenn du dich selbst immer wieder zurückstellst? Grenzen sind nicht Mauern. Sie sind Tore, die du öffnest, um nur das hereinzulassen, was dich nährt.

Vielleicht kannst du heute darüber nachdenken, wo in deinem Leben du Grenzen setzen musst. Gibt es Menschen, die mehr nehmen, als sie geben? Situationen, die dich erschöpfen, statt dich zu bereichern? Es ist okay, anderen zu enttäuschen, wenn es bedeutet, dass du dir selbst treu bleibst. Deine Energie ist begrenzt, und es ist deine Aufgabe, sie zu schützen.

Es ist nicht immer einfach, Grenzen zu setzen. Es fühlt sich an, als würdest du gegen die Erwartungen der Welt an dich ankämpfen. Aber genau das ist der Punkt: Du bist nicht hier, um die Erwartungen anderer zu erfüllen. Du bist hier, um authentisch zu leben. Manchmal ist das stärkste Zeichen von Liebe, jemanden loszulassen – oder dich selbst zu schützen.

Grenzen sind nicht das Ende der Verbindung. Sie sind der Anfang von Respekt. Wenn du lernst, deine Grenzen zu wahren, lernst du auch, die Grenzen anderer zu respektieren. Es entsteht ein Raum, in dem beide Seiten gesehen und gehört werden. Ein Raum, in dem wahre Verbindung möglich ist.

Vielleicht kannst du dir heute erlauben, das Wort „Nein" ohne Schuldgefühle auszusprechen. Vielleicht kannst du erkennen, dass dein „Nein" nicht bedeutet, dass du jemanden weniger liebst, sondern dass du dich selbst genug liebst, um ehrlich zu sein. Deine Grenzen definieren nicht, wie wenig du bereit bist zu geben – sie definieren, wie sehr du bereit bist, dich selbst zu ehren.

Manchmal denken wir, dass wir uns erklären müssen, wenn wir eine Grenze setzen. Aber lass mich dir etwas sagen: Du bist nicht verpflichtet, dich für deine Grenzen zu rechtfertigen. Deine Grenzen sind gültig, auch wenn andere sie nicht verstehen. Sie sind ein Ausdruck deiner Selbstachtung, nicht ein Grund zur Diskussion.

Vielleicht trägst du eine Schuld in dir, weil du denkst, dass Grenzen Trennung bedeuten. Aber in Wahrheit schaffen Grenzen Verbindung – eine Verbindung, die auf Ehrlichkeit und Respekt basiert. Sie erlauben dir, dich selbst zu zeigen, ohne Angst vor Ausbeutung oder Überforderung.

Die Welt wird dir immer sagen, dass du mehr geben musst, mehr leisten musst, mehr sein musst. Aber vielleicht kannst du heute einen Moment innehalten und dir sagen: „Ich bin genug. Genau so, wie ich bin." Deine Grenzen sind nicht das Problem. Sie sind der Schutzraum, in dem du wachsen kannst.

Es gibt eine Freiheit, die entsteht, wenn du deine Grenzen achtest. Du fühlst dich nicht mehr wie eine Marionette, die von den Fäden der Erwartungen anderer bewegt wird. Du beginnst, dein eigenes Leben zu führen, deine eigenen Entscheidungen zu treffen. Und in dieser Freiheit liegt eine tiefe Kraft.

Vielleicht kannst du heute den ersten Schritt machen und dir selbst erlauben, echt zu sein. Echt bedeutet nicht perfekt. Echt bedeutet, dass du dir erlaubst, du selbst zu sein, mit all deinen Stärken und Schwächen. Vielleicht bedeutet echt zu sein, dass du heute „Nein" sagst, wo du gestern noch „Ja" gesagt hättest.

Es wird nicht immer leicht sein. Es wird Momente geben, in denen du an dir zweifelst, in denen du dich fragst, ob du zu hart, zu stur, zu egoistisch bist. Aber erinnere dich daran: Deine Grenzen sind ein Zeichen von Liebe – auch zu dir selbst. Sie sind keine Barriere, sie sind ein Wegweiser. Ein Wegweiser zu einem Leben, das authentisch, frei und voll von echter Verbindung ist.

Grenzen setzen bedeutet auch, Verantwortung zu übernehmen. Verantwortung für dein eigenes Wohlbefinden, deine eigene Zeit, deine eigenen Träume. Es ist nicht immer leicht, denn manchmal fordert das Leben von uns, „Nein“ zu Dingen zu sagen, die sich gut anfühlen, aber nicht gut für uns sind. Es fordert von uns, zu erkennen, dass nicht alles, was möglich ist, auch sinnvoll ist.

Vielleicht kannst du heute darüber nachdenken, wie oft du deine eigenen Bedürfnisse zurückgestellt hast, um anderen zu gefallen. Wie oft hast du etwas zugelassen, das gegen deine Werte ging, nur um den Frieden zu wahren? Grenzen zu setzen heißt nicht, dass du Konflikte suchst. Es heißt, dass du bereit bist, für dich selbst einzustehen, auch wenn es unangenehm ist.

Es gibt Menschen, die deine Grenzen nicht akzeptieren werden. Sie werden versuchen, dich zu überreden, sie werden beleidigt sein, sie werden dich vielleicht sogar verlassen. Aber das sagt nichts über den Wert deiner Grenzen aus. Es sagt etwas über ihre Bereitschaft aus, dich als eigenständige Person zu respektieren.

Grenzen sind Liebe. Sie sind ein Zeichen dafür, dass du dich selbst genug liebst, um zu sagen: „Bis hierhin und nicht weiter.“ Sie sind ein Schutz, ein Raum, in dem du dich entfalten kannst. Und sie sind ein Geschenk – nicht nur für dich, sondern auch für die Menschen, die dich wirklich lieben. Denn wahre Liebe respektiert Grenzen.

Vielleicht kannst du heute einen Moment innehalten und dir selbst die Erlaubnis geben, ehrlich zu sein. Ehrlich zu dir, ehrlich zu anderen. Vielleicht kannst du heute anfangen, Grenzen nicht als Hindernis zu sehen, sondern als Einladung – eine Einladung, dein Leben in einer Weise zu leben, die dich ehrt, die dich schützt und die dich wachsen lässt. Und vielleicht wird dein „Nein“ heute der Anfang eines neuen Kapitels. Ein Kapitel, in dem du an erster Stelle stehst.

Es sind oft die leisen, aber bestimmten Entscheidungen, die den größten Unterschied machen. Jedes Mal, wenn du „Nein" sagst, übst du ein kleines Stück Freiheit ein. Freiheit, dich selbst zu wählen, anstatt den Erwartungen anderer zu folgen. Freiheit, deine Energie für das zu bewahren, was dich wirklich inspiriert und weiterbringt.

Vielleicht kannst du heute beginnen, diese Freiheit zu entdecken. Grenzen setzen ist kein einmaliger Akt, sondern ein lebenslanger Prozess. Es ist ein ständiges Zurückkehren zu dir selbst, ein ständiges Erinnern daran, dass du es wert bist, Raum für deine eigenen Bedürfnisse und Träume zu schaffen. Und in diesem Raum wirst du etwas Kostbares finden: dich selbst.

Grenzen sind kein Ende – sie sind ein Anfang. Der Anfang eines Lebens, das von Respekt, Ehrlichkeit und Liebe geprägt ist. Vielleicht kannst du heute diesen Anfang wagen. Vielleicht kannst du dir erlauben, für dich selbst einzustehen, ohne Angst, ohne Schuld. Denn in diesem Mut liegt die größte Form der Selbstliebe.

Vielleicht wird dein „Nein" heute nicht nur dein Leben verändern, sondern auch das der Menschen um dich herum. Denn wenn du deine Grenzen ehrst, lehrst du andere, dasselbe zu tun. Und vielleicht ist das die größte Gabe, die du der Welt machen kannst: ein Vorbild zu sein für ein Leben, das von Liebe und Respekt durchzogen ist – auch zu dir selbst.

Kapitel 16

Was Erfolg für dich wirklich bedeutet – Deine eigene Definition von Glück und Erfüllung

Erfolg. Ein Wort, das leuchtet, das verspricht, das antreibt – aber auch eines, das erdrücken kann. Wir alle jagen ihm hinterher, als wäre er die Antwort auf alles. Doch was, wenn Erfolg nicht das ist, was uns gelehrt wurde? Was, wenn er nicht in Titeln, Gehaltsschecks oder Applaus liegt, sondern in etwas viel Tieferem, viel Persönlicherem?

Vielleicht liegt deine wahre Definition von Erfolg nicht in Zahlen oder Titeln, sondern in Momenten, die dich lebendig fühlen lassen. Die Welt hat uns beigebracht, dass Erfolg etwas Äußerliches ist. Ein Pokal, den wir in den Händen halten. Doch die Wahrheit ist: Erfolg ist nicht, wie die Welt dich sieht, sondern wie du dich fühlst, wenn du alleine bist.

Wir leben in einer Gesellschaft, die uns drängt, immer mehr zu wollen – mehr Geld, mehr Anerkennung, mehr Besitz. Aber wann ist genug genug? Hast du jemals innegehalten, um zu fragen: Was bedeutet Erfolg wirklich für mich? Vielleicht hat Erfolg weniger damit zu tun, was du erreichst, und mehr damit, wie du deinen Weg gehst. Glück und Erfüllung sind keine Ziele, die du erreichst. Sie sind die Art und Weise, wie du deinen Weg gehst.

Manchmal bedeutet Erfolg, mutig genug zu sein, loszulassen, was nicht mehr zu dir passt. Es braucht Mut, zu erkennen, dass ein Traum, den du einmal hattest, nicht mehr dein Traum ist. Die Welt wird dir sagen, dass du niemals aufgeben sollst. Aber was, wenn Aufgeben manchmal die mutigste Entscheidung ist, die du treffen kannst? Erfolg liegt nicht im Festhalten, sondern im Loslassen.

Du bist nicht hier, um jemandes Vorstellung von Erfolg zu erfüllen. Du bist hier, um deine eigene Geschichte zu schreiben. Die Welt braucht nicht deine Perfektion, sondern deine Echtheit. Vielleicht bedeutet Erfolg für dich, morgens aufzuwachen und Frieden in deinem Herzen zu spüren. Vielleicht bedeutet es, Zeit mit den Menschen zu verbringen, die du liebst, oder einfach das zu tun, was dich glücklich macht, ohne Angst vor Urteil.

Es gibt keinen universellen Maßstab für Erfolg – nur den, den du dir selbst setzt. Aber wir vergessen das oft. Wir lassen uns von gesellschaftlichen Erwartungen leiten, von Bildern, die uns vorgeben, wie Erfolg auszusehen hat. Doch niemand kann dir sagen, was dich wirklich erfüllt. Nur du kannst das herausfinden.

Vielleicht bedeutet Erfolg für dich nicht, mehr zu haben, sondern weniger zu wollen. Nicht, die Welt zu beeindrucken, sondern dich selbst zu ehren. Die wahre Erfüllung beginnt, wenn du aufhörst, dir zu beweisen, dass du genug bist, und anfängst, es zu fühlen. Denn das Gefühl, genug zu sein, ist unbezahlbar.

Was, wenn Erfolg nicht das Ziel ist, sondern der Mut, deinem Herzen zu folgen? Was, wenn er nicht darin liegt, wie viel du erreichst, sondern wie sehr du bereit bist, für dich selbst einzustehen? Erfolg ist nicht das, was die Welt sieht. Erfolg ist das, was du fühlst, wenn du ehrlich zu dir selbst bist.

Vielleicht können wir heute einen Moment innehalten und darüber nachdenken, was Erfolg für uns bedeutet. Nicht für unsere Eltern, unsere Freunde, unsere Gesellschaft – sondern für uns selbst. Vielleicht können wir die Fragen stellen, die wirklich zählen: Was macht mich glücklich? Was bringt mein Herz zum Singen? Was lässt mich lebendig fühlen?

Es wird nicht immer einfach sein, deine eigene Definition von Erfolg zu finden. Die Welt wird versuchen, dich in ihre Vorstellungen zu pressen. Sie wird dir sagen, dass du mehr tun, mehr haben, mehr sein musst. Aber vielleicht kannst du heute den Mut finden, dir selbst zu erlauben, anders zu sein. Vielleicht kannst du dir erlauben, Erfolg auf deine eigene Weise zu definieren.

Vielleicht ist das größte Geschenk, das du dir machen kannst, die Freiheit, deinen eigenen Weg zu gehen – egal, wie unkonventionell er aussieht. Erfolg muss nicht laut sein. Er muss nicht glänzen. Manchmal ist er still, manchmal ist er einfach. Aber er ist immer echt.

Vielleicht können wir heute aufhören, uns mit anderen zu vergleichen. Aufhören, uns von fremden Maßstäben bewerten zu lassen. Erfolg ist kein Wettlauf. Er ist keine Liste, die abgehakt werden muss. Erfolg ist ein Gefühl. Ein Moment der Wahrheit. Ein Augenblick, in dem du erkennst, dass du genau da bist, wo du sein sollst.

Die Welt braucht nicht mehr Menschen, die perfekt sind. Sie braucht Menschen, die echt sind. Menschen, die bereit sind, ihre eigene Definition von Erfolg zu finden, auch wenn sie anders aussieht als die der Masse. Vielleicht kannst du heute den ersten Schritt machen und dir selbst erlauben, echt zu sein. Erfolg ist nicht das, was du hast. Es ist das, was du bist.

Vielleicht bedeutet Erfolg für dich, jeden Tag ein bisschen mutiger zu sein. Ein bisschen mehr du selbst. Ein bisschen weniger Angst vor dem, was andere denken. Und vielleicht, nur vielleicht, wirst du erkennen, dass du den Erfolg, nach dem du suchst, schon immer in dir hattest.

Denn am Ende des Tages geht es nicht darum, wie die Welt dich sieht. Es geht darum, wie du dich selbst siehst. Erfolg ist nicht das Ziel. Erfolg ist der Weg. Und du bist der Einzige, der ihn gehen kann.

Erfolg bedeutet auch, Verantwortung für dein eigenes Glück zu übernehmen. Niemand kann dir sagen, wie du glücklich wirst. Niemand kann dir vorschreiben, was Erfüllung für dich bedeutet. Vielleicht findest du Erfolg in kleinen Dingen: einem ehrlichen Lächeln, einem stillen Moment, in dem du spürst, dass du genug bist.

Vielleicht ist Erfolg nicht das Erklimmen der nächsten Karrierestufe, sondern der Mut, innezuhalten und zu fragen: Bin ich glücklich? Vielleicht bedeutet Erfolg, nein zu sagen zu Dingen, die nicht zu deinem Herzen passen, und ja zu sagen zu den Träumen, die dich nachts wachhalten.

Erfolg hat viele Gesichter. Er kann laut sein, voller Jubel und Applaus. Aber er kann auch still sein, ein leiser Moment der Zufriedenheit. Vielleicht bedeutet Erfolg für dich, Frieden zu finden, in einer Welt, die dich oft dazu drängt, dich selbst zu verlieren.

Die Welt wird dich immer dazu auffordern, mehr zu tun, mehr zu erreichen, mehr zu wollen. Aber was, wenn das wahre Geheimnis des Erfolgs darin liegt, einfach zu sein? Was, wenn Erfolg bedeutet, dich selbst zu umarmen, genau so, wie du bist?

Vielleicht kannst du heute den ersten Schritt in Richtung deiner eigenen Definition von Erfolg machen. Vielleicht kannst du beginnen, die Stimmen der Welt auszublenden und stattdessen auf dein eigenes Herz zu hören. Denn das ist der wahre Erfolg: ein Leben zu führen, das dich erfüllt, nicht die Welt.

Erfolg ist nicht die Spitze des Berges, sondern der Weg, den du gehst. Und vielleicht wirst du auf diesem Weg erkennen, dass der wahre Schatz nicht das Ziel ist, sondern die Reise selbst. Eine Reise, die nur dir gehört.

Kapitel 17

Vergib deinem früheren Ich – Wie die Vergangenheit deine Gegenwart beeinflusst

Es gibt Momente, in denen die Vergangenheit wie ein Schatten über uns liegt. Sie erinnert uns an das, was wir getan haben – oder nicht getan haben. Sie flüstert uns zu, dass wir Fehler gemacht haben, dass wir hätten besser sein können. Doch lass mich dir etwas sagen: Die Person, die du einmal warst, hat vielleicht Fehler gemacht, aber sie hat dich hierhergebracht.

Wir halten so oft an der Vergangenheit fest, als könnten wir sie ändern. Doch das Einzige, was wir wirklich ändern können, ist, wie wir sie sehen. Vielleicht trägst du eine Last mit dir, einen Moment, der dich immer wieder in die gleiche Gedankenspirale zieht. Aber hast du jemals daran gedacht, deinem früheren Ich die Hand zu reichen, statt mit dem Finger auf es zu zeigen?

Vergib deinem früheren Ich, nicht weil es perfekt war, sondern weil es versucht hat, das Beste zu tun, was es konnte. Es hat Entscheidungen getroffen, mit den Informationen, die es damals hatte. Es hat Fehler gemacht, ja. Aber diese Fehler haben dich geformt. Sie haben dich wachsen lassen, auch wenn es schmerzhaft war.

Deine Vergangenheit definiert dich nicht. Sie formt dich, aber du bestimmst, wer du heute sein willst. Du bist nicht deine Fehler. Du bist das, was du aus ihnen lernst. Vielleicht ist das größte Geschenk, das du dir machen kannst, die Erlaubnis, weiterzugehen. Denn das Gewicht der Vergangenheit zu tragen, wird dich nur davon abhalten, die Gegenwart zu umarmen.

Manchmal scheint es einfacher, an alten Verletzungen und Enttäuschungen festzuhalten, als sie loszulassen. Aber was gewinnst du wirklich, wenn du dich an Schmerz klammerst? Vielleicht ist es Zeit, die Kapitel, die dich verletzt haben, nicht neu zu schreiben, sondern sie zu akzeptieren und sie hinter dir zu lassen. Du kannst die Vergangenheit nicht ändern, aber du kannst entscheiden, wie die Geschichte weitergeht.

Es ist leicht, hart zu sich selbst zu sein. Es ist leicht, zu denken, dass du hättest besser sein müssen, klüger, stärker. Aber lass mich dir etwas sagen: Niemand geht ohne Fehler durchs Leben. Niemand trifft immer die richtigen Entscheidungen. Und das ist okay. Denn in jedem Fehler liegt eine Lektion, und in jeder Lektion liegt Wachstum.

Vielleicht kannst du heute einen Moment innehalten und deinem früheren Ich vergeben. Vielleicht kannst du erkennen, dass es nicht dein Feind ist, sondern ein Teil von dir. Ein Teil, das nur das Beste wollte, selbst wenn es manchmal falsch lag. Vielleicht kannst du heute anfangen, Frieden mit deiner Vergangenheit zu schließen.

Es gibt keinen Frieden in der Vergangenheit – der Frieden liegt im Verzeihen. Und Vergebung beginnt bei dir selbst. Es ist kein einfacher Weg, aber es ist ein notwendiger. Denn solange du an alten Fehlern festhältst, wirst du dich nicht wirklich frei fühlen. Doch Freiheit beginnt, wenn du dir erlaubst, loszulassen.

Stell dir vor, dein früheres Ich sitzt dir gegenüber. Schau ihm in die Augen. Siehst du die Unsicherheiten? Die Ängste? Die Hoffnungen? Vielleicht würdest du ihm Dinge sagen wie: „Warum hast du das getan?“ oder „Wie konntest du nur?“ Aber vielleicht kannst du ihm auch sagen: „Danke, dass du versucht hast, dein Bestes zu geben. Danke, dass du mich hierhergebracht hast.“

Du kannst die Kapitel, die dich verletzt haben, nicht neu schreiben. Aber du kannst entscheiden, wie die Geschichte weitergeht. Vielleicht beginnt sie heute mit einem Akt der Vergebung. Mit dem Mut, deinem früheren Ich zu sagen: „Ich sehe dich. Ich verstehe dich. Und ich lasse dich los."

Du bist nicht deine Vergangenheit. Du bist nicht deine Fehler. Du bist die Person, die du heute bist, mit all der Weisheit, die du durch diese Fehler gewonnen hast. Vielleicht kannst du heute erkennen, dass du nicht perfekt sein musst, um würdig zu sein. Dass du nicht alles richtig gemacht haben musst, um geliebt zu werden – von anderen und von dir selbst.

Vielleicht ist das Vergeben eine Form der Liebe, die wir uns selbst oft verweigern. Wir glauben, dass wir hart zu uns sein müssen, um uns zu verbessern. Aber was, wenn das Gegenteil wahr ist? Was, wenn wir durch Sanftheit und Verständnis viel mehr wachsen können? Stell dir vor, wie es wäre, dich selbst so zu behandeln, wie du einen Freund behandeln würdest. Mit Geduld. Mit Mitgefühl. Mit Liebe.

Dein früheres Ich hat vielleicht nicht alles richtig gemacht, aber es hat dir die Chance gegeben, heute hier zu sein. Es hat dir die Möglichkeit gegeben, zu wachsen, zu lernen und besser zu werden. Warum also nicht dankbar sein für die Fehler? Warum nicht erkennen, dass jeder Stolperstein ein Schritt nach vorne war?

Es ist leicht, in der Vergangenheit zu verweilen und sich vorzustellen, wie die Dinge anders hätten laufen können. Aber diese Vorstellung ist eine Illusion. Die Vergangenheit ist vorbei. Das Einzige, was zählt, ist, wie du dich heute entscheidest. Entscheidest du dich für Groll oder für Freiheit? Für Schuld oder für Frieden?

Vielleicht kannst du heute einen kleinen Schritt in Richtung Vergebung machen. Vielleicht kannst du beginnen, die Geschichten loszulassen, die dich festhalten. Die Geschichten, die dir sagen, dass du nicht gut genug warst, dass du hättest besser sein müssen. Denn diese Geschichten sind nicht die Wahrheit. Die Wahrheit ist, dass du menschlich bist. Und Menschsein bedeutet, Fehler zu machen.

Vergib deinem früheren Ich, weil es den Weg für dein heutiges Ich geebnet hat. Vergib dir selbst, weil du es verdienst, frei zu sein. Du kannst die Vergangenheit nicht ändern, aber du kannst die Art und Weise ändern, wie du sie siehst. Und manchmal ist das genug, um die Last abzuwerfen, die du so lange getragen hast.

Vielleicht ist das größte Geschenk, das du dir machen kannst, die Freiheit, deinem früheren Ich zu vergeben. Nicht, weil es perfekt war, sondern weil es Mensch war. Weil es geirrt hat, geliebt hat, gekämpft hat. Weil es gelebt hat. Und weil es dich zu der Person gemacht hat, die du heute bist.

Vielleicht kannst du heute beginnen, dich selbst mit anderen Augen zu sehen. Nicht durch die Linse der Vergangenheit, sondern durch die Linse des Mitgefühls. Vielleicht kannst du heute einen Moment der Stille finden, um deinem früheren Ich zu sagen: „Ich vergebe dir. Und ich danke dir.“ Denn ohne dein früheres Ich wärst du nicht hier. Und hier ist genau der Ort, an dem du sein sollst.

Vergebung ist kein einmaliger Akt, sondern ein Prozess. Es ist ein ständiges Erinnern daran, dass du menschlich bist. Dass Fehler unvermeidlich sind und dass sie Teil des Lebens sind. Vielleicht kannst du dir heute die Frage stellen: Welche Last trage ich noch mit mir herum, die ich ablegen könnte? Welche Geschichten erzähle ich mir immer wieder, die mich klein halten?

Es geht nicht darum, die Vergangenheit zu idealisieren oder zu verleugnen. Es geht darum, sie anzuerkennen und dann loszulassen. Denn wahre Freiheit entsteht erst, wenn wir aufhören, an dem festzuhalten, was uns schmerzt. Vielleicht bedeutet Vergebung, dir selbst zu erlauben, neu anzufangen. Nicht morgen, nicht nächstes Jahr, sondern jetzt.

Vergib deinem früheren Ich, weil es nicht besser wusste. Vergib dir selbst, weil du Mensch bist. Und vielleicht wirst du in diesem Moment erkennen, dass du genau da bist, wo du sein sollst – bereit, deine Geschichte neu zu schreiben, ohne das Gewicht der Vergangenheit.

Kapitel 18

Lies das, wenn du dich in deiner Spiritualität verlierst – Wie du Sinn und Glauben für dich selbst definierst

Es gibt Momente, in denen die Suche nach Spiritualität sich anfühlt wie das Umherirren in einem dichten Nebel. Du hoffst, etwas zu finden, das dich festhält, das dir Antworten gibt. Doch je weiter du suchst, desto weniger scheint alles Sinn zu ergeben. Vielleicht liegt das daran, dass Spiritualität kein Ziel ist, das du erreichen kannst. Es ist ein Raum, den du in dir selbst schaffst.

Manchmal verliert man sich in der Suche nach dem Sinn, weil man vergisst, dass er oft in den einfachen Momenten liegt. Ein Lächeln, ein Atemzug, das Gefühl von Sonne auf der Haut – vielleicht ist das, wonach du suchst, schon die ganze Zeit bei dir. Doch wir glauben oft, dass es große Antworten geben muss, dass uns jemand die Geheimnisse des Lebens enthüllen wird, wenn wir nur tief genug graben.

Vielleicht hast du dich in Ritualen verloren, in Regeln oder Erwartungen, die nicht deine eigenen sind. Du folgst einem Weg, der dir von anderen vorgezeichnet wurde, und merkst dabei nicht, dass du dich immer weiter von dir selbst entfernst. Aber Spiritualität ist kein starrer Pfad. Sie ist ein Fluss, der sich durch dein Leben schlängelt, sich anpasst, sich verändert. Es ist okay, deine spirituelle Reise zu hinterfragen. Die Fragen bringen dich oft näher zu dir selbst als die Antworten.

Vielleicht hast du das Gefühl, dass du verloren bist, weil du nicht den Erwartungen entsprichst, die dir auferlegt wurden. Aber lass mich dir etwas sagen: Du bist nicht hier, um irgendeinem Ideal zu entsprechen. Du bist hier, um in deinem eigenen Tempo zu wachsen. Deine Spiritualität muss nicht wie die der anderen aussehen. Sie muss nicht perfekt sein. Sie muss echt sein.

Vielleicht ist der wahre Glauben nicht das, was du findest, sondern das, was du in dir selbst entdeckst. Eine Verbindung, die leise, aber tief ist. Eine Wahrheit, die dir niemand geben kann, weil sie immer schon in dir war. Es ist okay, dich auf dieser Suche verloren zu fühlen. Denn oft findest du dich genau dort, wo du dich am meisten verirrt fühlst.

Spiritualität bedeutet nicht, alle Antworten zu haben. Es bedeutet, mit den Fragen zu leben und Frieden damit zu schließen, dass manche Dinge ungeklärt bleiben. Vielleicht ist das, wonach du suchst, kein großes, alles veränderndes Ereignis. Vielleicht ist es ein leiser Moment der Verbindung – mit dir selbst, mit anderen, mit etwas Größerem, das du nicht ganz begreifen kannst.

Die größte Form der Spiritualität ist, dich selbst anzunehmen, mit all deinen Stärken und Schwächen. Es ist der Mut, zu sagen: „Ich bin genug, genau so, wie ich bin." Deine Seele sucht nicht nach Perfektion. Sie sucht nach Verbindung. Vielleicht kannst du heute einen Moment innehalten und dich fragen: Was gibt mir wirklich Sinn? Was bringt mich zurück zu mir selbst?

Spiritualität ist keine Checkliste. Sie ist kein Wettbewerb. Du musst niemandem etwas beweisen, nicht einmal dir selbst. Vielleicht ist sie einfach nur das Gefühl, dass du einen Platz in dieser Welt hast, dass du dazugehörst, so wie du bist. Und vielleicht beginnt sie genau dort, wo du aufhörst, nach Antworten zu suchen, und anfängst, den Moment zu leben.

Wenn du das Gefühl hast, dass du dich verlierst, denk daran: Du bist nicht allein. Jeder von uns hat Momente, in denen wir uns fragen, wohin wir gehören, was unser Zweck ist. Doch in diesen Momenten liegt auch eine Chance. Die Chance, dich neu zu entdecken, deine eigenen Regeln zu schreiben, deinen eigenen Sinn zu definieren.

Vielleicht können wir heute aufhören, nach einem äußeren Zeichen zu suchen, das uns sagt, dass wir auf dem richtigen Weg sind. Vielleicht können wir stattdessen auf das hören, was in uns flüstert. Spiritualität ist kein Ziel, das du erreichen musst. Sie ist der Weg, den du gehst, und die Art und Weise, wie du diesen Weg erlebst.

Vielleicht kannst du heute anfangen, dich mit den kleinen Dingen zu verbinden, die dir Frieden bringen. Ein Spaziergang in der Natur, das Schreiben in dein Tagebuch, ein Moment der Stille. Denn oft sind es die leisen Dinge, die uns zurück zu uns selbst führen. Und vielleicht wirst du erkennen, dass du dich nicht verlierst, sondern dich entfaltest.

Spiritualität bedeutet auch, sich von dem Gedanken zu lösen, dass sie kompliziert sein muss. Sie ist nicht nur für besondere Momente oder bestimmte Orte reserviert. Sie ist im Alltag zu finden – in der Art, wie du mit anderen sprichst, in deinem Atem, in den kleinen Gesten, die Liebe und Mitgefühl ausdrücken. Vielleicht findest du deine größte spirituelle Verbindung, wenn du aufhörst, sie im Außen zu suchen, und beginnst, sie in deinem Inneren zu erkennen.

Manchmal denken wir, dass Spiritualität bedeutet, sich von der Welt zu entfernen, aber vielleicht bedeutet sie, sich tiefer mit ihr zu verbinden.

Mit den Menschen, die dich umgeben. Mit der Natur. Mit dir selbst. Vielleicht ist die einfachste Form von Spiritualität das ehrliche Zuhören – dir selbst und anderen gegenüber.

Du bist genug. Deine Reise ist genug. Und vielleicht liegt die wahre Spiritualität nicht darin, etwas zu finden, sondern darin, zu erkennen, dass du nichts verloren hast. Sie liegt in der Freiheit, deine eigene Wahrheit zu leben, ohne Angst, ohne Zweifel. Und vielleicht beginnt diese Freiheit genau jetzt, in diesem Moment, in dem du aufhörst, dich zu vergleichen, und anfängst, dich selbst zu feiern.

Erlaube dir, die kleinen Wunder des Lebens zu sehen. Vielleicht spürst du sie in einem unerwarteten Lachen, in der Ruhe eines stillen Abends oder im Wind, der deine Haut streift. Diese Momente sind nicht weniger spirituell, nur weil sie alltäglich sind. Sie sind es, die dich daran erinnern, dass du Teil von etwas Größerem bist.

Spiritualität ist auch ein Geschenk, das du dir selbst machen kannst. Es ist die Erlaubnis, loszulassen, was nicht zu dir passt, und anzunehmen, was dich bereichert. Vielleicht beginnt deine Spiritualität damit, dass du dir erlaubst, innezuhalten und zu spüren, was wirklich wichtig ist. Was ist es, das dir Frieden bringt? Was ist es, das dich mit dir selbst verbindet?

Deine Seele sucht nicht nach Antworten. Sie sucht nach Verbindung. Verbindung zu dir selbst, zu anderen und zu etwas, das du vielleicht nicht benennen kannst, aber das dich trotzdem trägt. Vielleicht kannst du heute anfangen, diese Verbindung zu spüren – nicht durch das, was du tust, sondern durch das, was du bist. Denn genau so, wie du bist, bist du genug. Und genau hier beginnt deine Spiritualität.

Kapitel 19

Die Kunst, allein zu sein, ohne einsam zu sein – Warum Einsamkeit ein Geschenk sein kann

Es gibt eine Stille, die mehr sagt als tausend Worte. Eine Einsamkeit, die uns nicht trennt, sondern uns zurück zu uns selbst bringt. In einer Welt, die uns ständig dazu auffordert, verbunden, sichtbar und erreichbar zu sein, wird das Alleinsein oft missverstanden. Es wird als Leere gesehen, als ein Raum, den man unbedingt füllen muss. Doch was, wenn Einsamkeit kein Mangel ist? Was, wenn sie ein Geschenk ist?

Alleinsein bedeutet nicht, dass etwas fehlt. Es bedeutet, dass du genug bist. Es bedeutet, dass du die Zeit und den Raum hast, dich selbst zu spüren, ohne Ablenkung, ohne die Stimmen anderer, die dir sagen, wer du sein solltest. Vielleicht fühlt es sich am Anfang unbequem an, weil wir es gewohnt sind, uns in Gesellschaft zu definieren. Doch in der Stille kannst du Dinge hören, die sonst übertönt werden – deine eigenen Gedanken, deine eigenen Bedürfnisse, deine eigene Wahrheit.

Einsamkeit wird zum Geschenk, wenn du lernst, sie nicht zu fürchten, sondern zu umarmen. Es braucht Mut, allein zu sein. Aber genau dort findest du deine größte Stärke. Wenn du dich traust, allein zu sein, öffnest du die Tür zu einer tieferen Verbindung mit dir selbst. Du entdeckst, dass du die Gesellschaft, die du am meisten brauchst, bereits hast.

Vielleicht ist die wichtigste Beziehung, die du jemals führen wirst, die mit dir selbst. In der Stille hörst du nicht nur die Welt um dich herum, sondern auch deine eigene Seele. Es gibt eine Ruhe, die nicht leer ist, sondern voller Antworten. Antworten, die du nur findest, wenn du bereit bist, hinzuhören.

Wir haben gelernt, Einsamkeit zu fürchten, weil sie uns verletzlich macht. Sie zwingt uns, uns selbst anzusehen, ohne Ablenkung, ohne Filter. Doch was, wenn genau in dieser Verletzlichkeit unsere größte Kraft liegt? Was, wenn das Alleinsein kein Zeichen von Schwäche ist, sondern ein Beweis für unsere Fähigkeit, bei uns selbst anzukommen?

Einsamkeit ist keine Lücke, die gefüllt werden muss. Sie ist ein Raum, der nur dir gehört. Ein Raum, in dem du wachsen kannst, in dem du entdecken kannst, wer du wirklich bist. Wenn du lernst, allein zu sein, lernst du, dich selbst zu lieben. Du erkennst, dass du nicht auf die Bestätigung anderer angewiesen bist, um dich komplett zu fühlen. Du bist genug, so wie du bist.

Vielleicht kannst du heute einen Moment finden, um allein zu sein. Nicht, weil du musst, sondern weil du willst. Vielleicht kannst du die Stille einladen, nicht als Feind, sondern als Freund. Es ist in Ordnung, dich am Anfang unwohl zu fühlen. Es ist in Ordnung, nicht sofort Antworten zu finden. Denn die Stille ist nicht leer. Sie ist voller Möglichkeiten.

Die Kunst, allein zu sein, besteht nicht darin, die Einsamkeit zu fürchten, sondern sie zu umarmen. Es bedeutet, dich selbst genug zu lieben, um dir deine eigene Gesellschaft zu erlauben. Es bedeutet, die Angst vor dem Alleinsein loszulassen und zu erkennen, dass du in der Stille alles finden kannst, was du brauchst. Denn genau dort, in der Ruhe, liegt die wahre Verbindung – zu dir selbst, zu deiner Essenz, zu dem, was wirklich wichtig ist.

Es gibt eine besondere Magie im Alleinsein, die wir oft übersehen. In der Stille können wir nicht nur hören, was unser Herz uns sagt, sondern auch spüren, was unsere Seele braucht. Vielleicht ist das Alleinsein keine Isolation, sondern eine Einladung, tiefer zu gehen, tiefer zu fühlen. Es ist ein Raum, in dem du deine Träume neu ordnen kannst, in dem du den Mut findest, die Wahrheit über dich selbst anzuerkennen.

Wir fürchten die Einsamkeit oft, weil sie uns mit unseren Ängsten konfrontiert. Doch genau in diesen Momenten, in denen wir uns unseren Ängsten stellen, finden wir unsere größte Freiheit. Einsamkeit ist kein Feind, sie ist ein Lehrer. Sie zeigt uns, wer wir wirklich sind, wenn niemand zuschaut, wenn keine Erwartungen uns formen.

Vielleicht kannst du heute einen kleinen Schritt machen, um die Einsamkeit willkommen zu heißen. Setz dich an einen stillen Ort, ohne Ablenkung, und atme tief ein. Spüre, wie dein Körper zur Ruhe kommt, wie deine Gedanken langsamer werden. Stell dir vor, dass diese Stille kein leerer Raum ist, sondern ein Ort voller Möglichkeiten. Was würdest du tun, wenn niemand zusieht? Wer wärst du, wenn niemand dich beurteilt?

Es braucht Mut, allein zu sein. Aber in diesem Mut liegt eine unvergleichliche Stärke. Denn wenn du lernst, mit dir selbst zu sein, gewinnst du etwas, das dir niemand nehmen kann: die Fähigkeit, dich selbst zu akzeptieren, dich selbst zu lieben. Vielleicht ist das Alleinsein kein Zustand, den wir ändern müssen, sondern ein Zustand, den wir umarmen dürfen.

Die Welt mag dir sagen, dass du immer in Gesellschaft sein musst, dass Alleinsein ein Makel ist. Aber die Wahrheit ist, dass Alleinsein eine Kunst ist, die uns lehrt, uns selbst genug zu sein. Es ist eine Erinnerung daran, dass wir vollkommen sind, genau so, wie wir sind. Vielleicht ist das Alleinsein kein Rückzug, sondern ein Nach-Hause-Kommen.

Einsamkeit ist keine Leere, die gefüllt werden muss. Sie ist ein Raum, in dem du dich entfalten kannst, in dem du wachsen kannst. Vielleicht liegt in der Einsamkeit das Geschenk, dich selbst neu zu entdecken, ohne die Stimmen der Welt, die dir sagen, wer du sein sollst. Vielleicht liegt in der Einsamkeit die Freiheit, genau das zu sein, was du bist.

Heute können wir einen Schritt machen, die Einsamkeit nicht zu fürchten, sondern sie als Teil unserer Reise anzuerkennen. Denn in der Stille liegt die Kraft, uns selbst zu finden. Und vielleicht, wenn wir aufhören, vor der Einsamkeit davonzulaufen, entdecken wir, dass sie nie unser Feind war, sondern unser treuster Begleiter.

Manchmal vergessen wir, dass Alleinsein nicht Einsamkeit bedeuten muss. Es ist ein Moment der Einkehr, ein Raum, in dem wir unsere Gedanken sortieren können. Hast du je daran gedacht, dass die tiefsten Erkenntnisse oft aus den stillsten Momenten hervorgehen? Dass in der Ruhe nicht nur Frieden liegt, sondern auch Inspiration?

Vielleicht liegt die Magie des Alleinseins darin, dass es uns erlaubt, zu wählen, wer wir sein wollen, ohne Einfluss von außen. Es ist der Moment, in dem du deine eigenen Werte hinterfragst und definierst. Was ist dir wirklich wichtig? Welche Stimme in deinem Inneren ist deine eigene, und welche wurde dir von der Welt auferlegt?

Das Alleinsein kann dir die Chance geben, kreativ zu werden. Hast du je bemerkt, dass die besten Ideen oft dann kommen, wenn du allein bist? Es ist, als ob die Abwesenheit von Ablenkung die Tür zu deinem inneren Schaffensraum öffnet. Vielleicht liegt deine Größe genau in diesen ruhigen Momenten, in denen du die Freiheit hast, zu denken, zu erschaffen und zu sein.

Vergiss nicht, dass die Stille auch ein Ort der Heilung sein kann. Sie erlaubt dir, deine Wunden zu betrachten, ohne Urteil, ohne Eile. Sie gibt dir den Raum, loszulassen, was dich beschwert, und anzunehmen, was dich stärkt. Vielleicht ist das Alleinsein nicht nur ein Geschenk, sondern ein notwendiger Schritt auf deinem Weg zu dir selbst.

Und wenn du dich das nächste Mal allein fühlst, erinnere dich daran, dass Einsamkeit kein Zustand ist, sondern eine Perspektive. Du kannst sie als Leere sehen oder als Möglichkeit. Die Wahl liegt bei dir. Denn in der Kunst, allein zu sein, liegt die Freiheit, dich selbst zu finden.

Kapitel 20

Was dich in einer Krise retten kann – Die Stärke, die du in dunklen Momenten findest

Es gibt Momente, die sich wie das Ende anfühlen. Wenn alles um dich herum zusammenzubrechen scheint und du nicht mehr weißt, wie du den nächsten Atemzug machen sollst. Eine Krise fühlt sich an wie ein Sturm, der alles mit sich reißt – Sicherheit, Gewohnheit, Selbstverständlichkeit. Doch inmitten dieses Sturms gibt es etwas, das bestehen bleibt: Dich. Deine Stärke, die du vielleicht vergessen hast, aber die in dir lebt, bereit, dich durch die dunkelsten Zeiten zu tragen.

Manchmal sind die dunkelsten Momente die, in denen wir am meisten über uns selbst lernen. Es ist nicht der leichte Weg, aber es ist ein Weg, der uns formt. Eine Krise zwingt dich, stehen zu bleiben, tief zu atmen und zu erkennen, dass du stärker bist, als du dachtest. In diesen Momenten, in denen alles andere zu fallen scheint, wirst du mit der Essenz dessen konfrontiert, wer du wirklich bist.

Die Stärke, die du suchst, ist nicht außerhalb von dir – sie war immer da, in deinem Inneren. Sie zeigt sich nicht, wenn alles einfach ist. Sie zeigt sich, wenn du glaubst, dass du nicht mehr kannst, und trotzdem weitermachst. Vielleicht denkst du, dass du zerbrichst, aber in Wahrheit wirst du geformt. Wie Gold, das im Feuer gereinigt wird, wird deine Stärke in der Krise sichtbar.

Krisen zerstören nicht, wer du bist; sie offenbaren, wer du schon immer warst. Sie nehmen dir die Ablenkungen, die dich von deinem wahren Selbst fernhalten, und zwingen dich, hinzusehen. Es ist ein schmerzhafter Prozess, ja. Aber auch ein ehrlicher. Und Ehrlichkeit mit dir selbst ist der erste Schritt zu wahrer Heilung.

Vielleicht ist der größte Wendepunkt in deinem Leben nicht der Moment, in dem alles perfekt ist, sondern der, in dem du trotz allem weitergehst. Es gibt eine Kraft, die nur entsteht, wenn alles andere zusammenzubrechen scheint. Wenn du am tiefsten Punkt angekommen bist, entdeckst du oft die Flügel, die du brauchst, um wieder aufzusteigen.

Inmitten des Chaos findest du oft die Klarheit, die du nie gesucht hast. Es ist paradox, nicht wahr? Aber vielleicht ist es genau das, was Krisen tun: Sie reißen dich aus deiner Komfortzone und zwingen dich, neu zu definieren, was wirklich zählt. Was bleibt, wenn alles andere verschwindet? Was ist der Kern deines Lebens, der unantastbar ist?

Eine Krise kann dir alles nehmen, außer die Wahl, wer du sein willst. Vielleicht kannst du nicht kontrollieren, was dir passiert, aber du kannst immer kontrollieren, wie du darauf reagierst. Diese Entscheidungskraft ist eine der größten Stärken, die wir als Menschen haben. Sie gibt dir die Macht, deine Geschichte neu zu schreiben, auch wenn die Umstände nicht ideal sind.

Was dich rettet, ist nicht, was du verlierst, sondern was du in dir selbst findest. Vielleicht ist es eine neue Perspektive, eine tiefergehende Verbindung zu dir selbst oder die Erkenntnis, dass du mehr aushalten kannst, als du je für möglich gehalten hast. Krisen haben die seltsame Art, uns an unsere Grenzen zu bringen – und uns gleichzeitig zu zeigen, dass diese Grenzen oft weiter entfernt sind, als wir dachten.

Manchmal sind es die kleinsten Dinge, die dich retten. Ein Atemzug. Ein Lächeln. Ein Sonnenstrahl auf deiner Haut. In dunklen Momenten werden diese scheinbar banalen Dinge zu Ankern, die dich daran erinnern, dass das Leben weitergeht. Dass es immer noch Licht gibt, auch wenn du es gerade nicht sehen kannst.

Die Stille nach einer Krise ist oft der Moment, in dem du beginnst, die Lektionen zu sehen, die sie dir gebracht hat. Vielleicht war sie ein Spiegel, der dir gezeigt hat, was du loslassen musst. Vielleicht war sie eine Brücke, die dich an einen Ort geführt hat, den du sonst nie erreicht hättest. Es ist schwer, das während der Krise zu erkennen, aber mit der Zeit wird deutlich: Jede Krise birgt eine Gelegenheit.

Am tiefsten Punkt entdeckst du die Flügel, die du brauchst, um wieder aufzusteigen. Und wenn du einmal aufgestiegen bist, wirst du merken, dass die Höhe, die du erreicht hast, nur möglich war, weil du bereit warst, dich der Tiefe zu stellen. Krisen sind keine Endpunkte. Sie sind Transformationspunkte.

Vielleicht kannst du heute einen Moment innehalten und dir selbst danken. Danken für den Mut, den du hattest, weiterzumachen. Danken für die Kraft, die du gefunden hast, als alles hoffnungslos schien. Danken für die Lektionen, die du gelernt hast, auch wenn sie wehgetan haben. Denn genau diese Lektionen machen dich zu der Person, die du heute bist.

Was dich in einer Krise rettet, ist nicht die Abwesenheit von Schmerz, sondern die Präsenz von Hoffnung. Hoffnung darauf, dass es besser wird. Hoffnung darauf, dass du die Fähigkeit hast, zu heilen. Hoffnung darauf, dass hinter jedem Ende ein neuer Anfang liegt. Und vielleicht ist das die größte Stärke, die wir haben: Die Fähigkeit, in den dunkelsten Momenten Licht zu finden.

Es gibt auch eine andere Wahrheit über Krisen: Sie lehren uns, loszulassen. Loszulassen von den Vorstellungen, die uns einst definierten. Loszulassen von den Dingen, die wir nicht kontrollieren können. Vielleicht ist das der schwerste Teil – zu akzeptieren, dass wir nicht alles reparieren können. Aber genau in diesem Loslassen liegt auch eine Freiheit, die du sonst nie entdecken würdest.

Vielleicht ist es diese Freiheit, die uns die wahre Bedeutung von Stärke zeigt. Stärke ist nicht das Fehlen von Angst, sondern der Mut, trotz der Angst weiterzugehen. Es ist das Wissen, dass du fallen darfst, weil du dich immer wieder aufrichten kannst. Es ist die Erkenntnis, dass selbst die tiefsten Wunden heilen können, wenn du ihnen Zeit gibst.

In einer Krise wirst du oft auf Menschen treffen, die dir helfen, selbst wenn du es nicht erwartest. Vielleicht ist es ein Freund, der einfach nur da ist, ohne Worte. Vielleicht ist es ein Fremder, der dir ein Lächeln schenkt. Diese Momente erinnern dich daran, dass du nie wirklich allein bist. Es gibt eine Kraft in Verbindungen, die uns trägt, wenn wir es am wenigsten erwarten.

Dennoch bleibt die wichtigste Verbindung die zu dir selbst. Wenn du lernst, dir in einer Krise treu zu bleiben, entdeckst du, dass du nicht nur überleben, sondern wachsen kannst. Krisen sind nicht nur Herausforderungen. Sie sind Chancen, dich neu zu definieren, alte Muster zu brechen und eine tiefere Wahrheit über dich selbst zu finden.

Vielleicht ist heute der Tag, an dem du aufhörst, gegen die Krise anzukämpfen, und stattdessen anfängst, mit ihr zu arbeiten. Denn in jeder Krise liegt eine Lektion, die darauf wartet, entdeckt zu werden. Und vielleicht, nur vielleicht, wirst du am Ende dieser Reise erkennen, dass die Krise nicht das Ende war, sondern ein neuer Anfang.

Kapitel 21

Lass dir von der Welt nicht sagen, wer du bist – Wie Normen und Erwartungen deine Identität beeinflussen

Die Welt ist laut. Sie schreit uns ihre Erwartungen entgegen, zeichnet die Linien, innerhalb derer wir uns bewegen sollen, und weist uns zu, wer wir sein müssen. „Sei erfolgreich.“ „Sei stark.“ „Sei gefällig.“ Normen und Regeln, mal klar ausgesprochen, mal leise eingeflüstert, treiben uns in Rollen, die uns nicht immer passen. Und inmitten all dessen stehst du – mit dem Wunsch, du selbst zu sein, und der Angst, dabei nicht genug zu sein.

Vielleicht hast du dich so lange angepasst, dass du vergessen hast, wer du wirklich bist. Es ist leicht, sich in den Erwartungen anderer zu verlieren. Die Welt versucht ständig, dir zu sagen, wer du sein sollst. Doch deine wahre Identität liegt nicht in den Erwartungen anderer, sondern in dir selbst. Sie ist nicht verhandelbar, auch wenn die Welt dir etwas anderes weismachen will.

Normen sind nichts weiter als leise Diktate, die uns in Formen pressen wollen, die nicht zu uns passen. Sie sagen uns, wie wir aussehen, wie wir handeln und was wir erreichen sollen. Und so tragen wir Masken, die unsere wahre Essenz verbergen. Aber Masken werden schwer. Sie nehmen dir die Freiheit zu atmen, die Freiheit, du selbst zu sein. Vielleicht ist es an der Zeit, sie abzunehmen.

Du bist nicht verpflichtet, die Träume anderer zu leben. Dein Leben gehört dir, nicht denen, die meinen, zu wissen, was das Beste für dich ist. Doch das zu erkennen, erfordert Mut. Mut, gegen den Strom zu schwimmen. Mut, die Erwartungen loszulassen, die dich festhalten wie unsichtbare Ketten. Erwartungen sind wie diese Ketten – sie binden uns an ein Leben, das nicht unseres ist. Aber die gute Nachricht ist: Du hast den Schlüssel, sie zu sprengen.

Vielleicht hast du Angst, dass die Welt dich ablehnt, wenn du dich zeigst, wie du bist. Doch die Welt braucht nicht die Version von dir, die sich anpasst. Sie braucht die Version, die echt ist. Authentizität ist das, was Verbindungen schafft, das, was andere inspiriert. Wenn du den Mut hast, du selbst zu sein, schaffst du eine Welt, in der auch andere ihre Masken fallen lassen können.

Dein Wert hängt nicht davon ab, ob du in das Bild passt, das die Welt von dir erwartet. Dein Wert liegt in dem, was du bist – mit all deinen Ecken und Kanten, mit all deinen Stärken und Schwächen. Du bist genug, genau so, wie du bist. Die Freiheit beginnt dort, wo du aufhörst, dich von den Stimmen der Welt leiten zu lassen, und anfängst, auf deine eigene Stimme zu hören.

Vielleicht ist es an der Zeit, innezuhalten und dir die Frage zu stellen: Wer bist du wirklich? Jenseits der Rollen, die du spielst. Jenseits der Erwartungen, die dir auferlegt wurden. Es ist keine einfache Frage, und die Antwort wird sich vielleicht ändern, während du weiterwächst. Aber genau darin liegt die Magie. Du bist ein ständiger Prozess, kein abgeschlossenes Werk.

Die Welt wird immer versuchen, dich zu formen. Aber du bist nicht hier, um geformt zu werden. Du bist hier, um zu wachsen, zu entdecken, zu sein. Lass dir von der Welt nicht sagen, wer du bist. Denn am Ende des Tages bist du die einzige Person, die wirklich weiß, was in dir steckt.

Die leisen Stimmen, die lautesten Zweifel

Doch manchmal kommen die lautesten Forderungen nicht von außen, sondern von innen. Hast du je innegehalten, um dich zu fragen, ob die Erwartungen, die du dir selbst auferlegst, wirklich deine eigenen sind? Wie oft haben wir uns eingeredet, dass wir erst dann wertvoll sind, wenn wir diese eine Sache erreichen? Einen Titel, ein Ziel, eine perfekte Version von uns selbst. Doch das Leben ist kein Wettbewerb, und du musst niemandem etwas beweisen, nicht einmal dir selbst.

Vielleicht hast du das Gefühl, dass du erst dann „richtig" bist, wenn du dich den Normen anpasst. Doch das ist ein endloser Kreislauf, der dich immer weiter von dir selbst entfernt. Die Freiheit beginnt, wenn du dich von diesen inneren Stimmen löst und dich fragst: Was will ich wirklich? Nicht, weil es erwartet wird, sondern weil es mich erfüllt.

Die Masken, die wir freiwillig tragen

Es gibt Masken, die wir nicht einmal bemerken. Sie werden Teil von uns, so tief verankert, dass wir vergessen, dass sie nicht echt sind. Doch irgendwann spüren wir das Gewicht. Es ist der Moment, in dem du erkennst, dass Authentizität keine Schwäche ist, sondern die ultimative Form von Freiheit. Die Welt mag dich für deine Echtheit verurteilen, aber sie wird dich auch dafür respektieren. Und am wichtigsten: Du wirst dich selbst dafür respektieren.

Die Kunst, du selbst zu sein

Du selbst zu sein, ist keine einmalige Entscheidung. Es ist eine tägliche Praxis, eine fortlaufende Entdeckungsreise. Jeden Tag wirst du mit den Stimmen der Welt konfrontiert, die dich lenken wollen. Doch jeden Tag hast du auch die Wahl, auf deine eigene Stimme zu hören. Authentizität ist kein Ziel, das du erreichst. Sie ist der Weg, den du gehst.

Vielleicht kannst du heute einen Moment innehalten und etwas tun, das dich mit deinem wahren Selbst verbindet. Vielleicht ist es das Schreiben, das Singen, das Lachen – oder einfach das Sein. Die Welt mag laut sein, aber deine Seele spricht leise. Und ihre Stimme ist die einzige, die wirklich zählt.

Dein Platz in der Welt

Die Welt braucht nicht mehr Menschen, die sich anpassen. Sie braucht mehr Menschen, die den Mut haben, echt zu sein. Vielleicht kannst du heute anfangen, diesen Platz einzunehmen. Deinen Platz. Nicht den, den dir andere zuweisen, sondern den, der schon immer für dich bestimmt war. Er ist nicht dort, wo die Erwartungen der Welt dich hinlenken. Er ist dort, wo du du selbst sein kannst – mit all deinen Träumen, Ängsten, Stärken und Schwächen.

Am Ende bist du genug

Vielleicht kannst du dir heute erlauben, einfach zu sein. Ohne die Last der Erwartungen, ohne die Masken. Vielleicht kannst du dich daran erinnern, dass dein Wert nicht davon abhängt, wie die Welt dich sieht, sondern davon, wie du dich selbst siehst. Lass dir von der Welt nicht sagen, wer du bist. Denn du bist genug. Genau so, wie du bist.

Das Finden deiner eigenen Wahrheit

Es braucht Zeit, deine eigene Wahrheit zu finden. Doch in dieser Suche liegt die wahre Freiheit. Es ist der Prozess, die Schichten zu entfernen, die dir die Welt auferlegt hat. Mit jedem Schritt kommst du deinem wahren Selbst näher. Vielleicht wird nicht jeder diesen Weg verstehen, doch das ist in Ordnung. Es ist dein Weg, und niemand kann ihn für dich gehen.

Vielleicht können wir heute beginnen, diesen Prozess zu feiern. Nicht, weil wir alle Antworten kennen, sondern weil wir den Mut haben, die Fragen zu stellen. Wer bist du? Was willst du? Diese Fragen sind keine Last, sondern eine Einladung. Eine Einladung, dich selbst neu zu entdecken.

Die Kraft der Authentizität

Wenn du beginnst, authentisch zu leben, bemerkst du, dass die Welt sich nicht gegen dich verschwört. Im Gegenteil: Sie beginnt, sich anzupassen. Menschen, die dich wirklich schätzen, werden bleiben. Die, die dich nur wegen deiner Maske mochten, werden gehen. Und das ist gut so. Denn Authentizität filtert nicht nur dein Leben, sie bereichert es. Sie zieht die richtigen Menschen an und schützt dich vor den falschen.

Heute kannst du dir selbst erlauben, diese Freiheit zu spüren. Die Freiheit, nicht perfekt sein zu müssen. Die Freiheit, Nein zu sagen, wenn etwas nicht zu dir passt. Die Freiheit, Ja zu dir selbst zu sagen. Lass dir von der Welt nicht sagen, wer du bist. Denn die Antwort auf diese Frage trägst du bereits in dir.

Kapitel 22

Dein innerer Kompass lügt nicht – Warum Intuition oft der beste Wegweiser ist

Es gibt eine leise Stimme in dir, die immer da war. Sie spricht nicht laut, aber sie spricht klar. Es ist die Stimme, die dir in Momenten der Unsicherheit zuflüstert: „Das ist der richtige Weg.“ Dein innerer Kompass mag leise sein, aber er irrt sich nie. Er ist nicht darauf angewiesen, dass die Welt zustimmt oder dass alles logisch erscheint. Intuition ist keine Laune; sie ist die Stimme deines wahren Selbst, das dir den Weg zeigt.

Vielleicht hast du diese Stimme schon oft übertönt. Vielleicht hast du sie für unbedeutend gehalten, für eine Eingebung, die keine Substanz hat. Doch die Wahrheit ist: Diese Stimme kennt dich besser, als du dich selbst kennst. Sie spricht nicht in den Worten der Welt, sondern in der Sprache deiner Seele. Die Welt mag laut schreien, aber die leise Stimme in dir trägt die Wahrheit.

Wie oft hast du Antworten im Außen gesucht, obwohl sie die ganze Zeit in dir waren? Es ist leicht, der Logik der Welt zu vertrauen, den Meinungen anderer, den Regeln, die über Generationen weitergegeben wurden. Doch dein innerer Kompass fragt nicht nach Logik. Er kennt den Weg, noch bevor du ihn gehst. Es erfordert Mut, der Stimme zu folgen, die nur du hören kannst. Mut, Entscheidungen zu treffen, die nicht jedem gefallen. Aber dieser Mut ist der Schlüssel zu einem Leben, das wirklich dir gehört.

Dein innerer Kompass wird dich niemals zu einem Ort führen, an dem du nicht hingehörst. Er wird dir Wege zeigen, die vielleicht nicht einfach sind, aber immer richtig. Manchmal magst du zweifeln, magst denken, dass du dich irrst, weil der Weg nicht sofort klar ist. Doch Intuition fragt nicht, ob der Weg bequem ist; sie fragt, ob er wahr ist.

Hörst du wirklich hin, wenn deine Seele spricht, oder übertönt die Welt sie? Es gibt so viele Ablenkungen, so viele Meinungen, so viele Stimmen, die dich von deinem Weg abbringen wollen. Doch manchmal ist der beste Wegweiser nicht das, was du siehst, sondern das, was du fühlst. Es ist der Moment, in dem du tief durchatmest und spürst, dass die Antwort bereits da ist.

Intuition ist der stille Freund, der dir vertraut, auch wenn du dir selbst nicht glaubst. Sie stellt keine Forderungen, sie macht keine großen Gesten. Sie wartet geduldig darauf, dass du bereit bist zuzuhören. Vielleicht ist es an der Zeit, ihr eine Chance zu geben. Vielleicht ist es an der Zeit, die Stimmen der Welt leiser zu drehen und die Stimme in dir lauter werden zu lassen.

Dein innerer Kompass hat dich nie im Stich gelassen. Selbst in Momenten, in denen du ihn ignoriert hast, war er da, bereit, dich wieder auf den richtigen Weg zu bringen. Vielleicht kannst du heute einen Moment innehalten und dich fragen: Wohin zeigt mein Kompass? Vielleicht ist die Antwort nicht sofort klar, aber das bedeutet nicht, dass sie nicht existiert. Intuition ist wie ein Stern am Himmel – sie ist immer da, auch wenn die Wolken sie verdecken.

Es erfordert Vertrauen, deiner Intuition zu folgen. Vertrauen in dich selbst, in deine Fähigkeit, die richtigen Entscheidungen zu treffen.

Doch dieses Vertrauen ist der Beginn von etwas Großem. Es ist der Beginn eines Lebens, das wirklich dir gehört. Ein Leben, das nicht von den Erwartungen anderer bestimmt wird, sondern von deiner eigenen Wahrheit.

Die Rückkehr zur inneren Stimme

Vielleicht ist es eine Weile her, seit du zuletzt wirklich hingehört hast. Die Welt ist laut, Ablenkungen sind überall, und es ist einfacher, den Stimmen anderer zu folgen, als auf die eigene zu vertrauen. Doch deine Intuition ist wie ein alter Freund, der niemals geht. Sie wartet darauf, dass du wieder zu ihr zurückkehrst. Sie verlangt nichts, außer deiner Bereitschaft, hinzuhören.

Warum wir oft zweifeln

Es gibt Momente, in denen der innere Kompass uns an einen Ort führt, der unsicher erscheint. Vielleicht hält uns die Angst zurück, etwas zu riskieren, das nicht garantiert ist. Vielleicht ist es die Logik, die uns einredet, dass ein anderer Weg sicherer sei. Doch die Wahrheit ist: Intuition fragt nicht nach Sicherheiten. Sie zeigt uns nicht das Ergebnis, sondern den nächsten Schritt. Sie erinnert uns daran, dass Vertrauen oft der erste Schritt in Richtung Freiheit ist.

Das Geschenk des Zweifels

Zweifel sind kein Zeichen von Schwäche, sondern von Menschlichkeit. Sie fordern uns heraus, uns selbst zu hinterfragen und klarer zu werden. Wenn du zweifelst, bedeutet das, dass du bewusst bist. Dass du die Verantwortung für deine Entscheidungen übernimmst. Und genau in diesem Prozess wirst du lernen, deiner Intuition noch mehr zu vertrauen.

Wie du dich mit deinem Kompass verbindest

Vielleicht können wir heute einen Moment schaffen, um uns mit unserem inneren Kompass zu verbinden. Setz dich an einen ruhigen Ort, schließe die Augen und atme tief ein. Stell dir vor, dass dein innerer Kompass wie ein Licht in dir leuchtet, klar und beständig. Frag dich: „Was brauche ich wirklich?" Warte nicht auf eine Antwort, die sofort kommt. Vertraue darauf, dass sie in der Stille zu dir findet.

Die Weisheit der Intuition

Manchmal verlangt Intuition, dass wir gegen den Strom schwimmen. Dass wir uns von sicheren Ufern entfernen und ins Unbekannte wagen. Das kann Angst machen. Doch oft sind es genau diese Momente, die unser Leben verändern. Intuition ist kein Versprechen für ein leichtes Leben, aber sie ist ein Garant für ein authentisches. Sie führt dich dorthin, wo du wachsen kannst, wo du deine Stärken entdeckst und deine wahren Bedürfnisse erkennst.

Deine Wahrheit liegt in dir

Die Welt mag dir viele Dinge sagen, doch die wichtigste Botschaft kommt von innen. Dein Kompass zeigt nicht, was die Welt von dir will; er zeigt, was du wirklich brauchst. Und vielleicht, nur vielleicht, liegt in diesem einfachen Wissen die Freiheit, die du gesucht hast. Dein innerer Kompass wird dich nicht im Stich lassen. Er ist nicht perfekt, aber er ist ehrlich. Und Ehrlichkeit ist alles, was du brauchst, um deinen Weg zu finden.

Der Mut, deinem Kompass zu folgen

Mut ist die Brücke zwischen dem, was du fühlst, und dem, was du tust. Deine Intuition kann dir den Weg zeigen, aber du musst bereit sein, ihn zu gehen. Das bedeutet manchmal, Dinge loszulassen, die dir einst Sicherheit gegeben haben. Es bedeutet, Entscheidungen zu treffen, die andere vielleicht nicht verstehen. Aber es bedeutet auch, ein Leben zu führen, das wirklich dir gehört.

Vielleicht können wir heute beginnen, dieser leisen Stimme mehr Raum zu geben. Vielleicht können wir lernen, ihr zu vertrauen, auch wenn der Weg unsicher scheint. Denn am Ende ist dein innerer Kompass der einzige Wegweiser, der niemals lügt. Er führt dich nicht immer auf den einfachsten Weg, aber er führt dich immer auf den richtigen.

Kapitel 23

Lies das, wenn du dich verloren fühlst – Wie Selbstreflexion dir Klarheit bringen kann

Es gibt Momente im Leben, in denen wir uns verlieren. Die Welt, die uns einst vertraut erschien, wird zu einem Labyrinth. Die Schritte, die wir voller Sicherheit gegangen sind, fühlen sich plötzlich schwer an, als würden sie nirgendwohin führen. Vielleicht befindest du dich gerade in so einem Moment. Und vielleicht erscheint dir das Verlorensein wie eine Niederlage. Doch ich möchte dir etwas sagen: Verloren zu sein ist oft der Anfang von etwas Neuem.

Manchmal musst du dich verlieren, um dich selbst zu finden. Es mag paradox klingen, aber in diesen Momenten, in denen alles auseinanderzufallen scheint, liegt die Möglichkeit für einen Neuanfang. Selbstreflexion ist kein einfacher Weg, aber sie ist der einzige, der dich zu dir selbst zurückführt. Sie fordert Mut, Ehrlichkeit und die Bereitschaft, in die Tiefe zu schauen. Doch sie gibt dir etwas zurück, das unbezahlbar ist: Klarheit.

Die Antworten, die du suchst, liegen nicht im Außen. Sie waren die ganze Zeit in dir. Doch oft sind wir so sehr damit beschäftigt, die Erwartungen anderer zu erfüllen, dass wir unsere eigene Stimme nicht mehr hören. Wir suchen nach Bestätigung, nach einem Zeichen, das uns sagt, dass wir auf dem richtigen Weg sind. Aber dieses Zeichen kommt nicht. Es kann nicht kommen, weil es nicht von außen kommen soll. Die Klarheit, die du suchst, liegt in dir.

Warum es okay ist, sich verloren zu fühlen

Es ist okay, sich verloren zu fühlen. Es bedeutet nicht, dass du gescheitert bist. Es bedeutet, dass du bereit bist, dich neu zu entdecken. Sich verloren zu fühlen ist nicht das Ende – es ist der Moment, in dem du entscheidest, wer du wirklich bist. Manchmal musst du alles verlieren, um zu erkennen, was wirklich zählt. Die Dinge, an denen wir uns festhalten, die Rollen, die wir spielen, die Masken, die wir tragen – all das kann uns den Blick auf unser wahres Selbst verstellen.

Selbstreflexion ist der Mut, die unbequemen Fragen zu stellen und die ehrlichen Antworten anzunehmen. Wer bin ich? Was will ich? Was brauche ich wirklich? Diese Fragen sind keine einfachen, aber sie sind notwendig. Sie führen dich weg von den Ablenkungen und hin zu dir selbst. Wenn du dich verloren fühlst, erinnere dich: Der Weg zu dir selbst war nie gerade. Er ist voller Wendungen, Sackgassen und Umwege. Aber genau das macht ihn so wertvoll.

Die Kraft der Stille

In einer Welt, die uns ständig ablenkt, ist Stille ein kostbares Gut. Doch Stille ist nicht unser Feind; sie ist der Raum, in dem wir wieder zu uns selbst finden können. Sie gibt uns die Möglichkeit, innezuhalten, zuzuhören und zu spüren. Es ist in der Stille, dass die Antworten auftauchen. Nicht die Antworten, die die Welt uns gibt, sondern die, die aus unserem Inneren kommen.

Wenn du dich verloren fühlst, nimm dir Zeit für die Stille. Setz dich an einen Ort, an dem du ungestört bist, und atme tief ein. Lass die Gedanken kommen und gehen, ohne sie zu bewerten. Stell dir die Fragen, die du sonst vermeidest, und warte auf die Antworten. Sie werden kommen, vielleicht nicht sofort, aber sie werden kommen.

Warum Selbstreflexion dir Klarheit bringt

Selbstreflexion ist wie ein Spiegel. Sie zeigt dir nicht nur, wer du bist, sondern auch, wer du sein könntest. Sie hilft dir, die Muster zu erkennen, die dich festhalten, die Glaubenssätze, die dich begrenzen, und die Ängste, die dich zurückhalten. Doch sie zeigt dir auch deine Stärken, deine Träume und die Möglichkeiten, die vor dir liegen.

Die Wahrheit ist: Du kannst nicht erwarten, Klarheit zu finden, wenn du dich nicht traust, in die Tiefe zu schauen. Selbstreflexion erfordert Mut, weil sie dich mit dir selbst konfrontiert. Aber sie gibt dir auch die Freiheit, alte Muster loszulassen und neue Wege zu gehen. Sie gibt dir die Chance, dich neu zu definieren, nicht basierend auf den Erwartungen anderer, sondern auf deiner eigenen Wahrheit.

Die Reise zurück zu dir selbst

Sich selbst zu finden, ist keine Reise mit einem festen Ziel. Es ist ein Prozess, ein ständiges Entdecken und Wachsen. Es bedeutet, die Teile von dir anzunehmen, die du vielleicht versteckt hast, die Träume, die du aufgegeben hast, und die Sehnsüchte, die du ignoriert hast. Es bedeutet, dir selbst die Erlaubnis zu geben, echt zu sein.

Vielleicht kannst du heute einen kleinen Schritt machen. Vielleicht kannst du dir einen Moment nehmen, um aufzuschreiben, was dir wirklich wichtig ist. Vielleicht kannst du anfangen, die Geschichten loszulassen, die dir nicht mehr dienen. Es muss kein großer Schritt sein. Jeder kleine Schritt bringt dich näher zu dir selbst.

Die Freiheit, du selbst zu sein

Die Freiheit, du selbst zu sein, beginnt mit der Entscheidung, dich selbst anzunehmen. Sie beginnt mit der Erkenntnis, dass du nicht perfekt sein musst, um genug zu sein. Sie beginnt, wenn du aufhörst, nach Antworten im Außen zu suchen, und anfängst, in dich selbst hineinzuhören.

Selbstreflexion ist kein einfacher Weg, aber sie ist der Weg, der dich zu dir selbst zurückführt. Sie ist der Weg, der dir die Klarheit gibt, die du suchst. Und sie ist der Weg, der dir zeigt, dass du niemals wirklich verloren warst. Du warst die ganze Zeit hier, unter all den Schichten von Erwartungen, Rollen und Ablenkungen. Du warst die ganze Zeit hier, bereit, dich neu zu entdecken.

Selbstreflexion als Werkzeug

Wenn du dir erlaubst, ehrlich mit dir selbst zu sein, öffnen sich neue Möglichkeiten. Selbstreflexion hilft dir, Prioritäten zu setzen, zu erkennen, was dich wirklich glücklich macht, und Klarheit über die Richtung zu gewinnen, die du einschlagen willst. Es ist kein einmaliger Prozess, sondern ein kontinuierliches Zurückkehren zu dir selbst. Jedes Mal, wenn du dir die Zeit nimmst, nach innen zu schauen, schaffst du Raum für Wachstum und Veränderung.

Die Kraft, die in dir liegt

Vielleicht glaubst du, dass du dich verirrt hast, aber in Wahrheit bist du nur auf einer neuen Etappe deiner Reise. Die Antworten, die du suchst, sind keine Geheimnisse; sie warten darauf, von dir entdeckt zu werden. Du bist die einzige Person, die die richtigen Fragen stellen und die wahren Antworten finden kann.

Wenn du dich verloren fühlst, erinnere dich: Es ist okay. Es ist der Anfang von etwas Neuem. Es ist die Einladung, dich selbst zu finden, auf eine Weise, die tiefer und ehrlicher ist, als du es dir je vorgestellt hast. Nimm dir die Zeit, die du brauchst. Denn am Ende dieser Reise wirst du nicht nur Klarheit finden – du wirst dich selbst finden.

Kapitel 24

Zwischen Widerstand und Anpassung – Wie du deine eigene Balance findest

Es gibt einen schmalen Grat zwischen Widerstand und Anpassung, auf dem wir uns alle bewegen. Ein ständiges Hin und Her zwischen dem Drang, unseren eigenen Weg zu gehen, und dem Wunsch, uns in die Welt einzufügen. Vielleicht hast du das auch schon gespürt. Dieses Ziehen in entgegengesetzte Richtungen, das dich fragen lässt: Wo ist mein Platz in all dem?

Manchmal fühlt es sich an, als wären Widerstand und Anpassung Gegensätze, als müsstest du dich entscheiden, ob du gegen die Strömung schwimmst oder dich vom Fluss tragen lässt. Aber die Wahrheit ist: Zwischen Widerstand und Anpassung liegt die Kunst, du selbst zu bleiben. Es ist eine Balance, die nicht vorgegeben ist, sondern von dir selbst gestaltet wird.

Die Erwartungen der Welt und deine Wahrheit

Die Welt hat Erwartungen. Sie verlangt, dass du dich anpasst, dass du in ihre Formen und Normen passt. „Sei erfolgreich, aber nicht zu ambitioniert. Sei freundlich, aber nicht zu weich. Sei du selbst, aber bitte nur, wenn es bequem ist.“ Diese Widersprüche können erdrückend sein. Doch es ist nicht deine Aufgabe, in eine Form zu passen, die dir nicht entspricht.

Anpassung bedeutet nicht, sich selbst zu verlieren – sie bedeutet, deinen Platz in der Welt bewusst zu wählen. Widerstand ist nicht immer laut; manchmal zeigt er sich darin, dass du leise deinen eigenen Weg gehst. Du kannst lernen, in einer lauten Welt still zu bleiben, wenn es um deine Werte geht. Es ist möglich, inmitten des Chaos deiner eigenen Wahrheit treu zu bleiben.

Wann Anpassung richtig ist

Es gibt Momente, in denen Anpassung notwendig ist. Wenn wir uns anpassen, um Harmonie zu schaffen, um Beziehungen zu pflegen oder um gemeinsame Ziele zu erreichen, dann ist das kein Zeichen von Schwäche. Es ist ein Zeichen von Weisheit. Anpassung bedeutet nicht, dass du deine Identität aufgibst. Sie bedeutet, dass du bereit bist, Kompromisse einzugehen, ohne deine Seele zu verkaufen.

Manchmal ist Widerstand der erste Schritt zur Freiheit, und Anpassung der Kompromiss, der dich weiterbringt. Beides hat seinen Platz. Die Kunst liegt darin, zu wissen, wann du anpassen und wann du widerstehen solltest. Es gibt keinen falschen Weg, wenn es um deine eigene Balance geht – nur deinen.

Die Macht des Widerstands

Widerstand kann kraftvoll sein. Es ist das Aufbegehren gegen das, was nicht zu dir passt, das Nein sagen, wenn die Welt ein Ja erwartet. Doch Widerstand ist nicht immer leicht. Er kann einsam machen, er kann anstrengend sein. Aber manchmal ist Widerstand der erste Schritt zur Freiheit.

Manchmal musst du die Normen hinterfragen, um deine eigene Wahrheit zu finden. Es ist nicht immer bequem, den Weg des Widerstands zu gehen, aber es ist der einzige Weg, der wirklich zu dir gehört. Du bist nicht hier, um dich klein zu machen. Du bist hier, um in deiner eigenen Wahrheit zu wachsen. Und manchmal bedeutet das, dass du Nein sagst, wenn die Welt ein Ja erwartet.

Wie du deine Balance findest

Zwischen Widerstand und Anpassung liegt ein Raum, in dem du deine eigene Balance finden kannst. Es ist der Raum, in dem du entscheidest, welche Werte dir wichtig sind, welche Kompromisse du eingehen kannst und wo deine Grenzen liegen. Dieser Raum ist einzigartig für dich. Niemand kann dir sagen, wie deine Balance aussieht.

Vielleicht kannst du heute einen Moment innehalten und dich fragen: Wo passe ich mich an, wo widerstehe ich? Und warum? Diese Fragen können unbequem sein, aber sie sind notwendig, um deine eigene Balance zu finden. Die Welt braucht nicht mehr Menschen, die sich anpassen, um zu gefallen. Sie braucht mehr Menschen, die den Mut haben, echt zu sein.

Die innere Stimme als Wegweiser

Zwischen Anpassung und Widerstand gibt es keine allgemeingültige Regel. Es gibt nur deine innere Stimme, die dir sagt, was richtig für dich ist. Es ist die Stimme, die dir zuflüstert, wenn etwas nicht stimmt, die dich dazu ermutigt, dich zu wehren, wenn es nötig ist, und die dich sanft daran erinnert, dass Anpassung manchmal der bessere Weg ist.

Diese innere Stimme wird oft übertönt – von Erwartungen, von Angst, von Zweifel. Aber sie ist immer da. Vielleicht kannst du heute lernen, auf sie zu hören. Vielleicht kannst du beginnen, sie zu respektieren. Denn sie ist der Kompass, der dir zeigt, wo deine Wahrheit liegt.

Die Kunst, Kompromisse zu erkennen

Nicht jeder Kompromiss ist ein Verlust. Manche Kompromisse sind Brücken – Wege, die dich zu deinen Zielen führen, ohne dass du dich selbst aufgeben musst. Aber es gibt auch Kompromisse, die sich wie Verrat anfühlen. Der Unterschied liegt in deiner Intention. Frag dich: Tue ich das, weil ich muss, oder weil ich will? Ist dieser Kompromiss ein Schritt nach vorne oder ein Schritt weg von mir selbst?

Authentizität trotz Anpassung

Es ist möglich, sich anzupassen, ohne sich selbst zu verlieren. Authentizität bedeutet nicht, dass du starr bleiben musst. Sie bedeutet, dass du dir selbst treu bleibst, egal wie sich die Umstände ändern. Anpassung und Authentizität können Hand in Hand gehen, wenn du dir bewusst bist, warum du dich anpasst.

Die Freiheit, du selbst zu sein

Du bist nicht hier, um in eine Form zu passen. Du bist hier, um deine eigene Form zu finden, um deinen Platz in der Welt zu gestalten. Es gibt keinen richtigen oder falschen Weg, nur deinen. Zwischen Widerstand und Anpassung liegt die Freiheit, du selbst zu sein. Und das ist alles, was wirklich zählt.

Vielleicht kannst du heute beginnen, diesen Raum zu erkunden. Vielleicht kannst du dir selbst erlauben, deine Wahrheit zu hinterfragen und neu zu definieren. Denn die wahre Freiheit liegt darin, nicht nur deinen Platz in der Welt zu finden, sondern ihn selbst zu erschaffen.

Den eigenen Weg vertrauen

Dein Weg mag anders aussehen als der der anderen. Vielleicht ist er voller Kurven, unebener Abschnitte oder scheinbar endloser Anstiege. Aber das macht ihn nicht weniger wertvoll. Dein Weg ist dein eigener. Zwischen Anpassung und Widerstand kannst du die Balance finden, die dich weiterbringt, ohne dass du deine Werte aufgibst.

Vielleicht ist heute der Tag, an dem du erkennst, dass beides – Anpassung und Widerstand – Werkzeuge sind, um dich selbst zu definieren. Es liegt in deiner Macht, zu wählen, wann du welches Werkzeug einsetzt. Die Freiheit liegt in der bewussten Entscheidung, nicht in den Erwartungen anderer.

Kapitel 25

Lies das, wenn du Angst vor Veränderung hast – Warum Identität ein lebenslanger Prozess ist

Veränderung fühlt sich oft an wie ein Sturm, der alles ins Wanken bringt. Wir klammern uns an das Vertraute, weil es Sicherheit verspricht, selbst wenn es uns einschränkt. Die Angst vor Veränderung ist wie ein Schatten, der uns verfolgt und uns zurückhält. Aber manchmal ist dieser Sturm genau der Wind, den du brauchst, um weiterzukommen.

Vielleicht befindest du dich gerade an einem Punkt in deinem Leben, an dem du merkst, dass sich etwas ändern muss. Du spürst es in deinem Inneren, doch die Angst hält dich zurück. Es ist okay, Angst zu haben. Aber lass die Angst nicht entscheiden, wer du bist oder wer du sein könntest. Mut bedeutet nicht die Abwesenheit von Angst, sondern das Handeln trotz der Angst.

Die Angst vor dem Unbekannten

Die Angst vor Veränderung ist oft nur die Angst vor dem Unbekannten. Wir wissen, was wir verlieren können, aber nicht, was wir gewinnen könnten. Und doch liegt genau darin die Chance. Das Unbekannte ist der Ort, an dem du wachsen kannst. Es ist der Raum, in dem du neue Teile von dir selbst entdecken kannst, die du nie für möglich gehalten hast.

Manchmal ist das Festhalten an dem, was war, schwerer, als loszulassen und Neues zu wagen. Identität ist kein Ziel, das du erreichst, sondern ein Prozess, der dich dein ganzes Leben begleitet. Jeder Schritt in Richtung Veränderung fühlt sich unsicher an, aber genau diese Unsicherheit ist der Raum, in dem Neues entstehen kann.

Warum Veränderung notwendig ist

Ohne Veränderung gibt es kein Wachstum. Es gibt keinen Fortschritt, keine neuen Erkenntnisse, keine Entfaltung. Wenn alles um dich herum ins Wanken gerät, ist das vielleicht der Moment, in dem du deine wahre Stärke entdeckst. Veränderung ist keine Bedrohung deiner Identität, sondern eine Einladung, sie zu erweitern.

Manchmal musst du durch die Unsicherheit gehen, um an einem Ort anzukommen, der sich wie Zuhause anfühlt. Es ist wie bei einem Schmetterling, der sich aus seinem Kokon befreit. Der Prozess ist anstrengend, vielleicht sogar schmerzhaft, aber das Ergebnis ist befreiend. Deine Identität ist nicht in Stein gemeißelt. Sie ist wie Wasser – fließend, anpassungsfähig, lebendig.

Wie du mit Veränderung umgehen kannst

Vielleicht können wir heute beginnen, Veränderung nicht als Feind zu betrachten, sondern als Verbündeten. Sie ist nicht hier, um dich zu zerstören, sondern um dich zu formen. Stell dir die Frage: Was wäre möglich, wenn ich die Angst loslassen könnte? Was wäre möglich, wenn ich mir selbst erlauben würde, zu wachsen?

Eine Möglichkeit, mit Veränderung umzugehen, ist, kleine Schritte zu machen. Du musst nicht alles auf einmal ändern. Manchmal reicht es, einen kleinen Schritt in eine neue Richtung zu gehen, um zu spüren, dass Veränderung nicht nur möglich, sondern befreiend sein kann. Es ist okay, langsam zu gehen. Es ist okay, zu zögern. Wichtig ist nur, dass du dich bewegst.

Die Kraft des Loslassens

Loslassen ist ein Akt des Vertrauens. Es bedeutet, das Vertraute aufzugeben, um Platz für Neues zu schaffen. Es bedeutet, sich selbst die Erlaubnis zu geben, anders zu sein, als du es gestern warst. Loslassen ist kein Verlust, sondern ein Gewinn. Es ist die Entscheidung, frei zu sein.

Vielleicht gibt es Dinge in deinem Leben, die dich zurückhalten. Vielleicht sind es Beziehungen, Gewohnheiten oder Gedankenmuster. Vielleicht ist es die Angst, nicht genug zu sein, wenn du dich veränderst. Aber ich möchte dir sagen: Du bist genug, genau so, wie du bist. Und du bist stark genug, um das loszulassen, was dir nicht mehr dient.

Loslassen ist jedoch ein Prozess. Es ist kein einzelner Moment, sondern eine Reihe kleiner Entscheidungen, die dich Schritt für Schritt in eine neue Richtung führen. Es beginnt mit der Erkenntnis, dass du nicht alles kontrollieren kannst, und endet mit der Akzeptanz, dass Veränderung dir eine neue Welt eröffnen kann.

Veränderung als Teil deiner Identität

Du bist nicht hier, um stehenzubleiben. Du bist hier, um zu wachsen, um dich zu entwickeln, um dich immer wieder neu zu entdecken. Deine Identität ist nicht starr, sondern dynamisch. Sie passt sich an, sie lernt, sie wächst. Und genau das macht sie so wunderschön.

Vielleicht kannst du heute beginnen, Veränderung als Teil deiner Identität zu akzeptieren. Vielleicht kannst du dir erlauben, Fehler zu machen, Risiken einzugehen und Neues zu wagen. Denn in jedem Moment der Veränderung liegt die Chance, ein Stück mehr von dir selbst zu entdecken.

Jede Entscheidung, die du triffst, trägt zu dem bei, wer du bist. Jede Veränderung, die du durchlebst, fügt deinem Leben eine neue Dimension hinzu. Deine Identität ist ein Mosaik, das sich mit jeder Erfahrung erweitert und vervollständigt.

Die Freiheit, du selbst zu sein

Veränderung ist nicht das Ende deiner Identität, sondern der Anfang von etwas Größerem. Sie ist die Einladung, mehr von dir selbst zu werden. Vielleicht kannst du heute einen Schritt machen, auch wenn er klein ist. Vielleicht kannst du dir selbst erlauben, zu wachsen, auch wenn es sich unsicher anfühlt. Denn am Ende ist Veränderung nicht der Feind – sie ist der Weg, auf dem du dich selbst findest.

Mut bedeutet, dich der Veränderung zu stellen, auch wenn sie Angst macht. Es bedeutet, dir selbst zu erlauben, über alte Grenzen hinauszuwachsen und neue Wege zu gehen. Veränderung ist nicht immer leicht, aber sie ist notwendig. Sie ist der Schlüssel, um die Person zu werden, die du tief im Inneren schon immer warst.

Vielleicht kannst du heute beginnen, die Angst vor Veränderung nicht als Hindernis, sondern als Chance zu sehen. Vielleicht ist genau diese Angst ein Signal, dass etwas Großartiges auf dich wartet. Veränderung ist kein Ende, sondern ein Anfang – der Anfang von mehr Freiheit, mehr Authentizität und mehr von dem, was dich ausmacht.

Deine Identität ist ein Abenteuer

Es gibt keinen festen Punkt, an dem du sagen kannst: Jetzt bin ich vollständig. Deine Identität ist ein Abenteuer, eine Reise ohne festgelegtes Ziel. Und das ist das Schöne daran. Jeder Schritt, jede Entscheidung, jede Veränderung bringt dich ein Stück näher zu dir selbst. Du darfst wachsen, du darfst scheitern, du darfst dich neu erfinden. Denn in dieser Bewegung liegt das wahre Leben.

Vielleicht kannst du dir heute erlauben, diesen Prozess zu umarmen. Vielleicht kannst du beginnen, Veränderung nicht als Bruch, sondern als Brücke zu betrachten – eine Brücke zu einem Leben, das noch authentischer, noch erfüllender ist. Veränderung ist nicht dein Feind. Sie ist dein Verbündeter. Und sie wird dich zu Orten führen, die du dir heute noch nicht vorstellen kannst.

Kapitel 26

Bleib bei dir selbst, auch wenn die Welt dich laut übertönt – Wie du trotz äußerer Einflüsse authentisch bleibst

Es gibt Momente, in denen die Welt so laut wird, dass du dich selbst kaum noch hören kannst. Stimmen, die dir sagen, wer du sein sollst, wie du aussehen sollst, was du denken sollst. Erwartungen, die dich drängen, dich zu biegen, zu formen, zu verwandeln. In all dem Chaos ist es leicht, sich selbst zu verlieren. Doch ich möchte dir sagen: Es ist möglich, bei dir selbst zu bleiben, auch wenn die Welt dich übertönt.

Authentisch zu sein bedeutet nicht, dass du laut sein musst – es bedeutet, dass du echt bist, selbst wenn die Welt dich übertönt. Es bedeutet, deine Wahrheit zu kennen und sie nicht aufzugeben, egal wie laut die Stimmen um dich herum werden. Und ja, manchmal ist das Leiseste in dir das Wahrste – und es verdient, gehört zu werden.

Die Macht der äußeren Stimmen

Die Welt ist voller Stimmen. Sie kommen aus deiner Familie, deinen Freunden, deinem Job, den sozialen Medien. „Mach das so." „Sei mehr wie…" „Warum kannst du nicht einfach…?" Diese Stimmen wollen oft das Beste für dich, doch manchmal ziehen sie dich von dir selbst weg.

In einer Welt, die ständig etwas von dir will, ist es ein revolutionärer Akt, bei dir selbst zu bleiben.

Es bedeutet, inmitten des Lärms eine Grenze zu ziehen und zu sagen: Hier endet die Welt und hier beginne ich. Das ist kein einfacher Weg, doch er ist der einzige, der dich zu dir selbst führt.

Warum Authentizität so schwierig ist

Authentisch zu sein ist nicht immer bequem. Es bedeutet, Verletzlichkeit zuzulassen, Fehler zu machen und sich selbst immer wieder in Frage zu stellen. Aber Authentizität ist kein Ziel, das du erreichst, sondern die Entscheidung, du selbst zu sein, immer wieder neu.

Die lautesten Stimmen um dich herum sind oft nicht die, die deine Wahrheit kennen. Sie sehen nur das, was sie von dir erwarten. Doch deine Wahrheit liegt in dir, nicht in den Erwartungen anderer. Es ist in Ordnung, nein zu sagen, wenn die Welt ein Ja von dir erwartet. Es ist in Ordnung, anders zu sein, als die Welt dich haben will. Denn in dieser Andersartigkeit liegt deine Freiheit.

Wie du bei dir selbst bleiben kannst

Bleib bei dir selbst, auch wenn die Welt versucht, dich zu formen. Es gibt keinen falschen Weg, dich selbst zu leben, solange er deiner Wahrheit entspricht. Doch wie findest du diese Wahrheit in einer lauten Welt?

Es beginnt mit dem Zuhören. Nicht auf die Stimmen um dich herum, sondern auf die leise Stimme in dir. Manchmal ist sie schwer zu hören, überlagert von Lärm und Zweifel. Aber sie ist da. Vielleicht kannst du heute einen Moment der Stille finden und fragen: Was will ich wirklich? Wer bin ich, jenseits der Erwartungen anderer?

Die Welt braucht nicht mehr Menschen, die sich anpassen, um zu gefallen. Sie braucht mehr Menschen, die den Mut haben, echt zu sein. Und echt zu sein bedeutet, dich selbst zu wählen, auch wenn niemand sonst es tut. Bleib bei dir, auch wenn die Welt versucht, dich zu formen. Du bist nicht hier, um den Erwartungen der Welt zu genügen, sondern um deiner eigenen Wahrheit treu zu bleiben.

Die Freiheit, authentisch zu leben

Es ist ein Akt der Rebellion, bei dir selbst zu bleiben. Doch in dieser Rebellion liegt Freiheit. Authentizität ist kein Perfektionismus. Sie bedeutet nicht, dass du immer weißt, wer du bist oder was du willst. Sie bedeutet, dass du dir erlaubst, dich zu entdecken, dich zu hinterfragen und immer wieder neu zu definieren.

Manchmal bedeutet Authentizität, die Welt leiser zu stellen, um dich selbst klarer zu hören. Vielleicht kannst du heute damit beginnen, die Stimmen um dich herum weniger wichtig zu nehmen und deiner eigenen mehr Gewicht zu geben. Denn am Ende bist du die einzige Person, die mit dir selbst leben muss. Warum also nicht so leben, wie es sich für dich richtig anfühlt?

Bleib bei dir selbst, auch wenn die Welt dich laut übertönt. Denn die größte Freiheit liegt darin, dich selbst zu wählen, auch wenn niemand sonst es tut. Und genau darin liegt deine wahre Stärke.

Die innere Stimme entdecken

Vielleicht warst du lange damit beschäftigt, dich anzupassen. Vielleicht hast du versucht, es allen recht zu machen, und dich dabei selbst verloren.

Doch die gute Nachricht ist: Deine innere Stimme ist nie verschwunden. Sie wartet nur darauf, dass du ihr zuhorchst. Sie flüstert dir zu, was du wirklich brauchst, wer du wirklich bist.

Stell dir vor, deine innere Stimme ist wie ein Kompass. Inmitten des Lärms zeigt sie dir die Richtung. Doch wie jeder Kompass funktioniert sie nur, wenn du innehaltest. Vielleicht kannst du dir heute Zeit nehmen, still zu werden. Vielleicht kannst du aufschreiben, was dir wirklich wichtig ist, ohne die Stimmen der Welt zu berücksichtigen.

Den Mut, Grenzen zu setzen

Authentisch zu leben bedeutet oft, Grenzen zu setzen. Es bedeutet, nein zu sagen, wenn du etwas nicht willst, auch wenn es unbequem ist. Es bedeutet, deinen Raum zu schützen, auch wenn andere ihn übertreten wollen. Grenzen sind kein Zeichen von Schwäche, sondern von Selbstliebe. Sie zeigen, dass du dich selbst ernst nimmst.

Vielleicht kannst du dir heute erlauben, eine Grenze zu setzen. Vielleicht kannst du sagen: „Das bin ich, und das brauche ich." Die Welt mag darauf reagieren, aber das ist in Ordnung. Du bist nicht hier, um jedem zu gefallen. Du bist hier, um echt zu sein.

Die Balance zwischen Anpassung und Authentizität

Es gibt Zeiten, in denen Anpassung notwendig ist. Beziehungen, Arbeit, das Leben selbst fordern oft Kompromisse. Doch Anpassung bedeutet nicht, dass du dich selbst verlierst. Es bedeutet, bewusst zu wählen, wann und wie du dich einbringst. Die Kunst liegt darin, dich nicht zu verbiegen, sondern flexibel zu bleiben, ohne deine Wahrheit zu opfern.

Vielleicht kannst du heute reflektieren, wo du dich anpasst und wo du authentisch bist. Vielleicht kannst du entscheiden, ob diese Balance stimmt. Authentizität bedeutet nicht, starr zu bleiben, sondern beweglich zu sein, ohne dich selbst aufzugeben.

Die Welt braucht deine Wahrheit

In einer Welt voller Masken ist deine Authentizität ein Geschenk. Sie ist ein Licht, das andere ermutigen kann, ebenfalls echt zu sein. Vielleicht ist es nicht immer leicht, bei dir selbst zu bleiben. Doch genau darin liegt deine Kraft. Die Welt braucht nicht mehr Perfektion. Sie braucht mehr Menschen, die den Mut haben, sie selbst zu sein.

Bleib bei dir, auch wenn die Welt laut ist. Bleib bei dir, auch wenn es unbequem ist. Denn am Ende ist es deine Wahrheit, die dich frei macht. Und Freiheit ist das größte Geschenk, das du dir selbst machen kannst.

Kapitel 27

Für alles, was du dir endlich verzeihen musst – Wie Dankbarkeit deine Selbstfindung stärkt

Manchmal scheint es, als wären die Dinge, die wir uns selbst nicht verzeihen können, wie Steine, die wir mit uns herumtragen. Kleine Steine, die wir in unsere Taschen stecken, bis sie so schwer werden, dass sie uns am Weitergehen hindern. Doch was wäre, wenn du die Steine endlich loslassen könntest? Was wäre, wenn Vergebung nicht das Ende, sondern ein Anfang wäre?

„Vergebung bedeutet nicht, die Vergangenheit zu vergessen. Sie bedeutet, dir selbst die Erlaubnis zu geben, weiterzugehen.“

Es gibt Momente, in denen du vielleicht das Gefühl hast, dass du deine eigenen Fehler niemals hinter dir lassen kannst. Du siehst in ihnen nicht nur Fehler, sondern Versagen. Doch ich möchte dir sagen: Du bist nicht deine Fehler, du bist das, was du aus ihnen lernst. Deine Fehler haben dich nicht definiert, sie haben dich geformt. Sie waren Lektionen, kein Urteil über deinen Wert.

Die schwerste Vergebung

Manchmal ist der schwerste Mensch, dem du vergeben musst, der, der in deinem Spiegelbild steht. Du hältst dir selbst die Vergangenheit vor, als wärest du ein Gefangener deiner eigenen Entscheidungen. Doch Vergebung ist kein Zeichen von Schwäche, sondern ein Akt tiefster Selbstliebe. Sie ist der Moment, in dem du erkennst, dass du es verdient hast, frei zu sein. Frei von Schuld, frei von Scham, frei von der Last, die du dir selbst auferlegt hast.

Dankbarkeit als Brücke

Vielleicht fragst du dich, wie du den ersten Schritt in Richtung Vergebung machen kannst. Die Antwort liegt in der Dankbarkeit. Dankbarkeit ist die Brücke zwischen dem, was war, und dem, was sein könnte. Sie ist der Schlüssel, der die Tür zu einem Leben öffnet, in dem du dir selbst wieder vertrauen kannst. Indem du anerkennst, was deine Fehler dich gelehrt haben, kannst du beginnen, sie nicht mehr als Last, sondern als Geschenk zu sehen.

„Hör auf, die Person zu bestrafen, die du einmal warst. Sie hat dir den Weg hierher gezeigt."

Du bist gewachsen, weil du gestrauchelt bist. Du hast gelernt, weil du gefallen bist. Es gibt nichts Mächtigeres, als die Vergangenheit loszulassen und die Gegenwart zu umarmen. Deine Vergangenheit mag dich geformt haben, aber sie definiert dich nicht. Jeder Schritt, den du machst, ist eine Entscheidung, dich selbst neu zu erschaffen.

Die Kraft der Vergebung

Jedes Mal, wenn du dir selbst verzeihst, gibst du dir die Freiheit, neu zu beginnen. Es ist, als würdest du einen Rucksack ablegen, den du viel zu lange getragen hast. Die Last, die du glaubst tragen zu müssen, gehört dir nicht mehr. Vergebung ist der Moment, in dem du erkennst, dass du immer schon genug warst. Du musst nicht perfekt sein, um dich selbst zu lieben. Du musst nur bereit sein, dich selbst anzunehmen, mit all deinen Fehlern und Unvollkommenheiten.

„Dankbarkeit ist der Schlüssel, der die Tür zu einem Leben öffnet, in dem du dir selbst wieder vertrauen kannst."

Dankbarkeit bedeutet nicht, dass du alles akzeptieren musst, was passiert ist. Es bedeutet, die Lektionen zu sehen, die sich in den schwierigsten Momenten verstecken. Es bedeutet, dir selbst die Erlaubnis zu geben, das Gute zu erkennen, auch wenn es sich hinter den Schatten versteckt. Vielleicht kannst du heute beginnen, eine Sache zu finden, für die du trotz allem dankbar bist. Vielleicht ist es die Erkenntnis, dass du stärker bist, als du gedacht hast. Vielleicht ist es die Tatsache, dass du immer noch hier bist, immer noch kämpfst, immer noch wächst.

Dankbarkeit ist wie ein Anker in stürmischer See. Sie gibt dir Halt, wenn die Wellen der Selbstzweifel dich zu überrollen drohen. Wenn du beginnst, selbst in deinen Fehlern etwas zu finden, wofür du dankbar sein kannst, öffnet sich ein Raum für Heilung. Vielleicht kannst du dir selbst danken – nicht nur für die Erfolge, sondern für den Mut, weiterzumachen, trotz allem.

Vergebung als Befreiung

Vergebung bedeutet nicht, die Vergangenheit auszulöschen. Sie bedeutet, dir selbst zu erlauben, nach vorne zu schauen. Es gibt nichts Mächtigeres, als die Entscheidung, dich selbst von den Ketten der Vergangenheit zu befreien. Du hast das Recht, dich selbst zu heilen. Du hast das Recht, dir selbst eine zweite Chance zu geben.

Vielleicht kannst du dir heute erlauben, einen dieser Steine, die du trägst, abzulegen. Vielleicht kannst du dir selbst sagen: „Ich bin mehr als meine Fehler. Ich bin mehr als meine Vergangenheit. Ich bin eine Arbeit im Fortschritt, und das ist genug."

Die Macht der kleinen Schritte

Vergebung passiert nicht über Nacht. Sie ist ein Prozess, der Zeit braucht. Vielleicht beginnst du mit einem kleinen Schritt. Vielleicht schreibst du dir selbst einen Brief, in dem du all das ausdrückst, was du dir selbst verzeihen möchtest. Vielleicht suchst du dir einen Moment der Stille, um dir selbst zu sagen: „Ich lasse los." Jeder kleine Schritt zählt. Jeder kleine Schritt bringt dich näher zu dir selbst.

Vielleicht kannst du heute einen neuen Blick auf deine Vergangenheit werfen. Anstatt dich auf das zu konzentrieren, was falsch gelaufen ist, frage dich: Was habe ich daraus gelernt? Wie hat mich das, was passiert ist, stärker gemacht? Vergebung bedeutet nicht, das Geschehene zu idealisieren, sondern es als Teil deiner Reise anzunehmen.

„Du bist nicht deine Fehler, du bist das, was du aus ihnen lernst."

Deine Vergangenheit ist ein Teil von dir, aber sie ist nicht alles, was du bist. Du hast die Macht, deine Geschichte neu zu schreiben. Du hast die Macht, dir selbst zu vergeben und weiterzugehen. Vielleicht kannst du heute beginnen, diese Macht zu nutzen. Vielleicht kannst du dir erlauben, die Person zu lieben, die du bist, und die Person zu ehren, die du warst.

Dankbarkeit ist der Wegweiser, der dich auf dieser Reise begleitet. Sie zeigt dir, dass selbst in den dunkelsten Momenten ein Funke Licht liegt. Sie erinnert dich daran, dass du nicht allein bist, dass du nicht verloren bist, dass du immer die Möglichkeit hast, neu anzufangen. Und vielleicht ist das das größte Geschenk, das du dir selbst machen kannst: die Freiheit, loszulassen und weiterzugehen.

Vielleicht kannst du heute anfangen, dich nicht nur mit Dankbarkeit, sondern auch mit Mitgefühl für dich selbst zu betrachten. Vielleicht kannst du erkennen, dass Vergebung ein fortlaufender Prozess ist, kein Ziel, das du erreichen musst. Es ist der Weg, auf dem du lernst, dich selbst zu lieben – nicht trotz deiner Fehler, sondern wegen der Lektionen, die sie dir gebracht haben.

Kapitel 28

Das Leben, das du dir wünschst, wartet auf dich – Schritte in die Freiheit, die du dir selbst erlaubst

Manchmal scheint es, als wäre das Leben, das wir uns wünschen, so weit entfernt, dass wir es nie erreichen könnten. Wir schauen zu anderen hinüber, vergleichen uns, und in uns entsteht der Gedanke: „Warum nicht ich?“ Doch was wäre, wenn ich dir sage, dass dieses Leben nicht dort drüben ist, nicht in einer fernen Zukunft, sondern hier, in diesem Moment? Was wäre, wenn alles, was du brauchst, um dorthin zu gelangen, bereits in dir liegt?

„Das Leben, das du dir wünschst, wartet nicht auf den perfekten Moment. Es wartet auf dich, endlich loszugehen.“

Vielleicht hast du Angst vor dem ersten Schritt. Vielleicht hält dich die Unsicherheit davon ab, die Richtung zu ändern. Aber Freiheit beginnt nicht dort, wo alles sicher ist. Freiheit beginnt, wo du den Mut findest, loszulassen. „Du wirst niemals bereit sein, wenn du auf Sicherheit wartest. Freiheit beginnt, wenn du den Mut findest, loszulassen.“

Die Illusion des perfekten Moments

Wir warten oft darauf, dass die Umstände perfekt sind. Wir sagen uns: „Wenn ich mehr Zeit hätte, wenn ich weniger Angst hätte, wenn ich sicher wäre, dass es klappt, dann würde ich anfangen." Doch was wir nicht erkennen, ist, dass der perfekte Moment nie kommen wird. Es gibt immer etwas, das uns zögern lässt, immer etwas, das uns daran hindert, loszugehen. „Hör auf, zu warten, dass jemand dir die Erlaubnis gibt, glücklich zu sein. Sie gehört dir längst."

Die Wahrheit ist, dass jeder Moment, in dem du dich entscheidest, ein Schritt in Richtung Freiheit ist. Es muss nicht perfekt sein, es muss nur echt sein. Vielleicht ist der erste Schritt klein, vielleicht ist er unsicher. Aber er ist der Anfang von etwas Größerem.

Der Mut, loszugehen

Das Leben, das du dir wünschst, wartet auf dich, aber es wird nicht von allein zu dir kommen. Du musst bereit sein, es dir zu holen. „Vielleicht sind die Schritte, die du fürchtest, genau die, die dich zu deinem wahren Leben führen." Jeder Schritt in Richtung deines wahren Selbst ist ein Akt der Befreiung. Es ist, als würdest du einen schweren Mantel ablegen, den du viel zu lange getragen hast.

Vielleicht bedeutet dieser Schritt, eine Entscheidung zu treffen, die unbequem ist. Vielleicht bedeutet er, etwas loszulassen, das dir vertraut ist, aber nicht mehr zu dir passt. Freiheit ist nicht das, was dir gegeben wird – es ist das, was du dir selbst erlaubst. Und manchmal bedeutet Freiheit, Nein zu sagen zu allem, was dich zurückhält, und Ja zu dir selbst.

„Das Leben, das du dir wünschst, ist nicht so weit weg, wie du denkst. Es beginnt mit der Entscheidung, dir selbst zu vertrauen."

Die Schritte in die Freiheit

Vielleicht fragst du dich: „Wie sieht Freiheit aus? Wie fühlt sie sich an?" Freiheit ist keine große, plötzliche Veränderung. Sie ist eine Reihe kleiner Entscheidungen, die du jeden Tag triffst. Es sind die Momente, in denen du dich für das entscheidest, was dich lebendig fühlt, anstatt für das, was erwartet wird. Freiheit bedeutet, die Angst zu spüren und trotzdem voranzugehen. Es bedeutet, deinen eigenen Weg zu finden, auch wenn er nicht den Erwartungen anderer entspricht.

Vielleicht kannst du heute damit beginnen, dir selbst die Erlaubnis zu geben, du zu sein. Vielleicht kannst du aufhören, dich klein zu halten, um anderen zu gefallen. Vielleicht kannst du dir selbst sagen: „Du bist nicht hier, um klein zu bleiben. Du bist hier, um zu wachsen, um zu träumen, um mutig zu sein."

Die Reise zu dir selbst

Freiheit ist nicht nur das Ziel, sondern auch der Weg. Vielleicht ist die größte Reise, die du je antreten wirst, die Reise zu dir selbst. Es ist eine Reise, die Mut erfordert, Geduld und Vertrauen. Du wirst Fehler machen, du wirst stolpern. Aber jeder Schritt, den du machst, bringt dich näher zu dem Leben, das du dir wünschst.

Es gibt keine perfekte Anleitung für diese Reise. Es gibt keine Karte, die dir genau zeigt, wo du hingehen sollst. Aber es gibt einen inneren Kompass, der dich leitet. Dieser Kompass ist deine Intuition, deine Wahrheit, dein Herz. Vertraue darauf, auch wenn der Weg unsicher erscheint.

„Jeder Schritt in Richtung deines wahren Selbst ist ein Akt der Befreiung."

Die Freiheit, neu anzufangen

Das Schöne an Freiheit ist, dass sie immer wieder neu beginnen kann. Du bist nicht an die Entscheidungen von gestern gebunden. Du kannst heute entscheiden, etwas anders zu machen. Du kannst heute beginnen, dir selbst zu erlauben, glücklich zu sein. Vielleicht ist es nicht einfach, vielleicht ist es nicht bequem. Aber es ist möglich. „Du hast die Kraft, ein Leben zu wählen, das dich erfüllt – nicht morgen, sondern heute."

Freiheit ist kein Zustand, den du erreichst, sondern ein Prozess, den du jeden Tag neu wählst. Es ist die Entscheidung, dir selbst zu vertrauen, auch wenn die Welt dir sagt, dass du es nicht kannst. Es ist die Entscheidung, loszulassen, was nicht mehr zu dir passt, und Platz zu schaffen für das, was kommen soll.

Vielleicht kannst du heute einen kleinen Schritt in Richtung Freiheit machen. Vielleicht kannst du dir selbst die Erlaubnis geben, groß zu denken, groß zu träumen, groß zu leben. Vielleicht kannst du dir vorstellen, wie das Leben, das du dir wünschst, sich anfühlen würde, wenn du es bereits lebst. Es mag Unsicherheit geben, es mag Zweifel geben, aber inmitten all dessen gibt es auch Hoffnung.

Die Macht deiner Träume

Deine Träume sind kein Zufall. Sie sind der Ausdruck dessen, wer du bist und was du sein kannst. Vielleicht kannst du heute damit beginnen, einen deiner Träume ernst zu nehmen. Vielleicht kannst du ihn aufschreiben, ihn laut aussprechen, ihm Raum geben. Denn Träume sind nicht nur Ideen – sie sind Samen, die wachsen können, wenn du ihnen die Chance gibst.

Das Leben, das du dir wünschst, ist nicht perfekt, aber es ist echt. Es ist ein Leben, das von dir gestaltet wird, nicht von den Erwartungen anderer. Vielleicht kannst du heute den ersten Schritt machen, nicht für jemand anderen, sondern für dich. Denn am Ende des Tages ist das größte Geschenk, das du dir selbst machen kannst, die Freiheit, du selbst zu sein.

Vielleicht kannst du dir erlauben, nicht alle Antworten zu haben, nicht alles zu wissen. Vielleicht kannst du dich selbst genug lieben, um einfach anzufangen. Das Leben, das du dir wünschst, wartet nicht darauf, dass alles perfekt ist. Es wartet darauf, dass du endlich Ja zu dir selbst sagst.

Kapitel 29

Du bist nicht fertig – und das ist okay – Warum Selbstfindung nie einen Abschluss hat

Wir leben in einer Welt, die uns oft ein Ziel vorgibt: Erfolg, Vollkommenheit, Klarheit. Doch was, wenn der wahre Weg nicht in einem Ziel liegt, sondern in einem Prozess? Selbstfindung ist kein Ort, an dem du ankommst, sondern ein Fluss, in dem du lernst zu schwimmen. Und das Schönste daran ist, dass du nicht fertig sein musst, um wertvoll zu sein.

„Selbstfindung ist keine Checkliste, die du abhaken kannst – sie ist ein Tanz, den du dein Leben lang tanzt."

Vielleicht denkst du, dass du verloren bist, weil du noch nicht genau weißt, wer du bist oder wo du hingehörst. Doch ich möchte dir sagen: Es ist okay, nicht alle Antworten zu haben. Du bist nicht unvollständig, nur weil du dich noch suchst. „Du bist auf dem Weg – und das ist genug."

Das Missverständnis der Vollkommenheit

Die Welt versucht uns oft zu erzählen, dass es ein Ende gibt. Ein Moment, in dem du dich gefunden hast, in dem alles Sinn ergibt. Aber die Wahrheit ist: Dieser Moment existiert nicht. Selbstfindung ist kein Puzzle, das du löst. Es ist ein Bild, das du jeden Tag neu malst. Manchmal sind die Farben hell, manchmal dunkel, aber sie alle sind ein Teil von dir.

„Vielleicht ist das Ziel nicht, herauszufinden, wer du bist, sondern zu akzeptieren, dass du dich ständig neu entdeckst."

Du musst nicht perfekt sein. Du musst nicht wissen, wo du in zehn Jahren sein wirst. Alles, was du tun musst, ist, dir zu erlauben, die Reise zu genießen. Denn die Suche nach dir selbst ist keine Last, sie ist ein Privileg. „Du musst nicht alles wissen, um du selbst zu sein. Das Suchen ist ein Teil des Seins."

Die Freiheit im Unfertigen

Manchmal ist das Unfertige an dir das, was dich am lebendigsten macht. Es gibt eine Freiheit darin, nicht festgelegt zu sein, darin, offen zu bleiben für das, was kommen mag. Stell dir vor, dein Leben ist wie ein Kunstwerk in Arbeit. Jeder Tag bringt neue Striche, neue Farben, neue Formen. Du bist nicht weniger wert, nur weil das Bild noch nicht vollendet ist. „Du bist ein Kunstwerk in Arbeit – und jedes Kapitel deines Lebens fügt einen neuen Strich hinzu."

Es ist okay, Fehler zu machen. Es ist okay, Wege zu gehen, die sich später als falsch herausstellen. Jeder Umweg, jede Sackgasse bringt dich näher zu dir selbst. Denn Selbstfindung ist kein gerader Weg, sondern ein Labyrinth voller Wendungen und Entdeckungen.

Die Angst vor dem Nichtwissen

Es gibt Momente, in denen das Nichtwissen beängstigend sein kann. In denen du dir wünschst, dass jemand dir eine Karte in die Hand gibt und sagt: „Hier geht's lang." Aber vielleicht ist das Nichtwissen genau das, was dich wachsen lässt. Vielleicht liegt in der Unsicherheit die Möglichkeit, etwas Neues zu erschaffen. „Hör auf, auf das Ende der Suche zu warten. Vielleicht ist die Suche selbst das Ziel."

Erlaube dir, nicht fertig zu sein. Erlaube dir, Fragen zu haben, Zweifel, Träume, die noch keinen festen Boden gefunden haben. Denn in diesen Momenten des Suchens liegt eine unendliche Kraft.

Das Geschenk des Werdens

Du bist nicht fertig – und das ist dein größtes Geschenk. Denn in deinem Wachstum liegt deine Freiheit. Jeder Tag ist eine neue Chance, etwas über dich selbst zu entdecken. Jeder Moment trägt die Möglichkeit in sich, dich zu überraschen, zu überwältigen, zu verändern.

Vielleicht kannst du heute damit beginnen, das Unfertige an dir zu lieben. Vielleicht kannst du erkennen, dass Selbstfindung kein Wettlauf ist, sondern eine Einladung, immer tiefer in dich selbst einzutauchen. „Es ist okay, nicht zu wissen, wer du bist. Es ist okay, immer wieder neu zu beginnen."

Die Reise ohne Ziel

Selbstfindung ist keine Linie mit einem Anfang und einem Ende. Sie ist ein Kreis, der sich immer wieder schließt und neu beginnt. Und das ist nichts, wovor du Angst haben musst. Es ist etwas, das du feiern kannst. Denn die Reise zu dir selbst ist nie langweilig, nie stillstehend, nie abgeschlossen.

Vielleicht kannst du dir heute erlauben, diesen Kreis zu umarmen. Vielleicht kannst du anfangen, dich weniger auf das Ziel zu konzentrieren und mehr auf den Weg. Denn das Leben ist nicht dazu da, gelöst zu werden. Es ist dazu da, gelebt zu werden.

Die Schönheit des Werdens

Es gibt eine unendliche Schönheit im Werden. In der Art, wie du jeden Tag ein kleines bisschen mehr von dir entdeckst. In der Art, wie du Fehler machst und daraus lernst. In der Art, wie du dich immer wieder entscheidest, weiterzugehen, auch wenn der Weg unklar ist.

Vielleicht kannst du heute innehalten und dich fragen: Was habe ich schon über mich gelernt? Welche Teile von mir habe ich bereits entdeckt? Und vielleicht kannst du dabei erkennen, dass du nicht weniger wert bist, weil du noch auf dem Weg bist. Du bist wertvoll, genau hier, genau jetzt.

Vielleicht kannst du beginnen, das Unbekannte zu umarmen – nicht als Feind, sondern als Lehrer. Denn das Unbekannte gibt dir die Möglichkeit, neue Seiten an dir zu entdecken, die du bisher nicht kannte. Es ist die Einladung, immer weiter zu wachsen und immer mehr du selbst zu werden.

Vielleicht ist es genau das Unperfekte, das dich mit anderen verbindet. Denn in einer Welt, die nach Perfektion strebt, sind es die Brücken des gemeinsamen Suchens, die uns am meisten berühren. Vielleicht kannst du erkennen, dass du nie wirklich allein bist, auch wenn du manchmal das Gefühl hast, dich verloren zu haben. Andere suchen genauso wie du, stolpern, fallen, und finden doch immer wieder ein kleines Stück von sich selbst.

Vielleicht findest du in den scheinbar ziellosen Tagen die Freiheit, einfach zu sein. In den Momenten, in denen du aufhörst, nach der perfekten Antwort zu suchen, erkennst du vielleicht, dass es die Fragen sind, die dich weiterbringen. Die offene Frage nach deinem Platz in der Welt, nach deinem Warum – sie ist der Motor, der dich antreibt.

„Die Reise zu dir selbst endet nie – aber genau das macht sie so schön."

Selbstfindung ist kein Ziel, sondern ein Geschenk, das dir das Leben immer wieder macht. Es ist die Freiheit, dich zu hinterfragen, dich zu ändern, zu wachsen. Es ist die Erlaubnis, nicht perfekt zu sein, sondern einfach echt. Und vielleicht ist das das Wichtigste, was du dir selbst geben kannst: die Erlaubnis, nicht fertig zu sein.

Kapitel 30

Das bin ich, wie ich mich selbst liebe – Ein Abschluss und ein neuer Anfang: die Reise zu dir

Selbstliebe. Ein Wort, das so oft wiederholt wird, dass es beinahe seine Tiefe verloren hat. Doch was bedeutet es wirklich, sich selbst zu lieben? Nicht auf eine oberflächliche, in den Spiegel schauende Weise, sondern auf eine Weise, die dich dazu bringt, dein Herz zu umarmen, auch wenn es gebrochen ist.

„Sich selbst zu lieben, ist kein Ziel, das du erreichst – es ist eine tägliche Entscheidung, die du immer wieder triffst."

Vielleicht ist Selbstliebe nichts anderes, als dir zu erlauben, so zu sein, wie du bist – unvollkommen und wunderschön. Es bedeutet nicht, jeden Fehler zu ignorieren oder so zu tun, als wärst du perfekt. Es bedeutet, deine Fehler zu sehen und sie trotzdem als Teil von dir anzunehmen. „Du kannst nicht darauf warten, dass jemand anderes dich heilt oder vervollständigt. Die Reise beginnt bei dir."

Die Wahrheit über Selbstliebe

Selbstliebe ist oft unbequem. Sie bedeutet, dich deinen Schwächen zu stellen, anstatt sie zu ignorieren. Sie bedeutet, Nein zu sagen, wenn du ausgelaugt bist, auch wenn andere mehr von dir wollen. Sie bedeutet, dir selbst die Vergebung zu schenken, die du anderen so leicht gibst. „Selbstliebe bedeutet nicht, dass du perfekt bist – es bedeutet, dass du dir erlaubst, menschlich zu sein."

Es gibt Tage, an denen Selbstliebe wie eine unmögliche Aufgabe erscheint. An denen dein innerer Kritiker lauter ist als jede Stimme von außen. Doch gerade an diesen Tagen braucht dein Herz am meisten deine eigene Umarmung.

Vielleicht spürst du manchmal, dass du dich selbst nicht ertragen kannst. Dass die Summe deiner Schwächen und Fehler dich erdrückt. Aber in diesen Momenten liegt die größte Chance, die Selbstliebe zu lernen. Denn wahre Selbstliebe bedeutet, dich selbst genau dann zu halten, wenn du glaubst, dass du es nicht verdienst.

Die schwierigste Beziehung deines Lebens

Die Beziehung zu dir selbst ist die schwierigste, die du je führen wirst. Du kannst dich nicht vor dir selbst verstecken. Du kannst nicht weglaufen, wenn es unbequem wird. Doch sie ist auch die lohnendste Beziehung. Denn wenn du lernst, dich selbst zu lieben, änderst du nicht nur, wie du dich selbst siehst, sondern auch, wie du die Welt siehst.

Vielleicht hast du dein ganzes Leben darauf gewartet, dass jemand anderes dir zeigt, dass du genug bist. Doch diese Bestätigung kommt nicht von außen. Sie beginnt in dir. „Das bin ich – mit all meinen Fehlern, meinen Zweifeln, meinen Träumen. Und genau so bin ich genug.“

Die Welt wird dich nicht immer bestärken. Sie wird dich kritisieren, in Frage stellen, dir sagen, dass du mehr sein musst, anders sein musst. Aber Selbstliebe ist die leise, kraftvolle Antwort darauf: Ich bin genug. Genau so, wie ich bin.

Die Freiheit, du selbst zu sein

Selbstliebe ist die Grundlage für alles andere. Sie gibt dir die Freiheit, Grenzen zu setzen, ohne Schuldgefühle zu haben. Sie gibt dir die Kraft, Nein zu sagen zu dem, was dich auslaugt, und Ja zu dem, was dich nährt. Sie erlaubt dir, du selbst zu sein, ohne Angst vor der Meinung anderer.

Vielleicht denkst du, dass Selbstliebe egoistisch ist. Doch das Gegenteil ist der Fall. „Selbstliebe ist kein Luxus. Sie ist die Grundlage für alles andere in deinem Leben.“ Denn nur wenn du dich selbst liebst, kannst du anderen aus einem Ort der Fülle und nicht aus einem Ort der Leere geben.

Vielleicht kannst du beginnen, dir zu erlauben, authentisch zu sein. Nicht perfekt, nicht fehlerlos, sondern echt. Denn in deiner Echtheit liegt die größte Freiheit. Selbstliebe gibt dir die Erlaubnis, deine Maske abzulegen und zu sagen: Das bin ich. Unperfekt, aber wahrhaftig.

Der erste Schritt zur Selbstliebe

Selbstliebe beginnt mit kleinen Schritten. Mit dem Moment, in dem du dir erlaubst, Fehler zu machen, ohne dich selbst zu verurteilen. Mit der Entscheidung, auf deinen Körper zu hören, wenn er Ruhe braucht. Mit der Bereitschaft, dir selbst die gleichen liebevollen Worte zu sagen, die du einem Freund schenken würdest.

Vielleicht kannst du heute damit anfangen, dir selbst etwas Gutes zu tun. Vielleicht ist es ein Spaziergang, eine Stunde Ruhe, ein Moment der Dankbarkeit für das, was du bist und nicht nur für das, was du tust.

Vielleicht bedeutet Selbstliebe auch, dich von alten Geschichten zu befreien. Den Geschichten, die dir sagen, dass du nicht genug bist. Den Stimmen, die dir einreden, dass du dich erst beweisen musst, bevor du dich selbst lieben darfst. „Selbstliebe ist die Entscheidung, die Stimmen der Zweifel leiser zu drehen und die deiner Wahrheit lauter."

Vielleicht braucht es manchmal den Mut, dir selbst in den dunkelsten Momenten zu begegnen. Dort, wo du glaubst, am wenigsten liebenswert zu sein. Es ist genau in diesen Momenten, dass Selbstliebe nicht nur ein Wort ist, sondern eine Handlung. Es ist der Moment, in dem du dich selbst auffängst, auch wenn niemand sonst es tut.

Die Wahrheit über deinen Wert

Dein Wert liegt nicht in dem, was du erreichst. Er liegt nicht in deinen Erfolgen oder in der Anerkennung anderer. „Dein Wert wird nicht von deinen Erfolgen bestimmt. Du bist wertvoll, weil du bist." Diese Wahrheit zu akzeptieren, ist oft der schwerste Teil der Selbstliebe. Denn wir wurden dazu erzogen zu glauben, dass wir uns unseren Wert verdienen müssen. Doch Selbstliebe fordert uns auf, diesen Glauben loszulassen.

Vielleicht ist der wichtigste Schritt zur Selbstliebe, dir selbst Raum zu geben. Raum, um Fehler zu machen. Raum, um zu wachsen. Raum, um zu sein, wer du wirklich bist, ohne ständig über dein eigenes Leben zu urteilen. „Selbstliebe ist, dir selbst die Zeit zu schenken, die du sonst anderen gibst."

Vielleicht kannst du heute damit beginnen, dir zu erlauben, unvollkommen zu sein. Vielleicht kannst du beginnen, die Erwartungen der Welt beiseite zu legen und dich selbst zu fragen: Was brauche ich? Was macht mich glücklich? Denn Selbstliebe beginnt dort, wo du aufhörst, nach den Erwartungen anderer zu leben, und beginnst, deine eigenen Träume zu leben.

Vielleicht ist es die höchste Form der Selbstliebe, dir selbst zu vergeben. Für die Fehler, die du gemacht hast, für die Wege, die nicht funktioniert haben, für die Chancen, die du nicht genutzt hast. In der Vergebung liegt eine große Freiheit. Sie befreit dich von der Last der Vergangenheit und öffnet den Raum für einen Neuanfang.

Der Abschluss einer Reise – und ein neuer Anfang

Vielleicht kannst du heute beginnen, dich so zu sehen, wie du bist: als ein Mensch, der Fehler macht, der zweifelt, der manchmal stolpert, aber der immer wieder aufsteht. Vielleicht kannst du dir erlauben, nicht perfekt zu sein, sondern einfach echt.

Selbstliebe ist keine Endstation. Sie ist eine Reise, die immer weitergeht. Doch auf dieser Reise findest du nicht nur dich selbst, sondern auch die Kraft, das Leben zu erschaffen, das du dir wünschst. „Das Leben beginnt wirklich, wenn du aufhörst, darauf zu warten, dass jemand anderes dir die Erlaubnis gibt, glücklich zu sein."

Vielleicht ist heute der Tag, an dem du dir selbst sagst: „Das bin ich, wie ich mich selbst liebe – nicht, weil ich perfekt bin, sondern weil ich es mir wert bin."

Das bin ich, auf der Reise zu mir selbst...

Notizen